生活·读书·新知 三联书店

王鼎钧作品系列

王鼎钧

文学种子

[增订版]

Simplified Chinese Copyright © 2019 by SDX Joint Publishing Company.
All Rights Reserved.

本作品中文简体版权由生活·读书·新知三联书店所有。
未经许可,不得翻印。禁止重制、转载、摘录、改写等侵权行为。

图书在版编目(CIP)数据

文学种子/王鼎钧著. —增订版. —北京:生活·读书·新知三联书店,2019.10 (2025.7 重印)
(王鼎钧作品系列)
ISBN 978-7-108-06552-0

Ⅰ.①文⋯ Ⅱ.①王⋯ Ⅲ.①汉语-写作 Ⅳ.①H15

中国版本图书馆 CIP 数据核字(2019)第 057738 号

责任编辑	饶淑荣
装帧设计	张 红 崔欣晔
责任校对	张 睿
责任印制	董 欢
出版发行	生活·讀書·新知 三联书店
	(北京市东城区美术馆东街 22 号 100010)
网 址	www.sdxjpc.com
图 字	01-2017-7044
经 销	新华书店
印 刷	北京隆昌伟业印刷有限公司
版 次	2014 年 7 月北京第 1 版
	2019 年 10 月北京第 2 版
	2025 年 7 月北京第 20 次印刷
开 本	787 毫米 × 1092 毫米 1/32 印张 7.75
字 数	118 千字
印 数	118,001 – 122,000 册
定 价	36.00 元

(印装查询:01064002715;邮购查询:01084010542)

目录

新版自序

语言 001
字 011
句 022
语文功能 033
意象 045
题材来源 056
散文 067
小说 077
剧本 090

诗	103
体裁选择	116
胎生与卵生	136
新与旧	150
真与假	168
人生	181
再谈人生	193
作品的境界	204
文学欣赏	219
谨此致谢	231

新版自序

那些年，我常常怀念我的中学生活，一心想为正在读中学的年轻人写点什么，我写的时候觉得与他们同在。我陆续写了五本书跟他们讨论作文，也涉及如何超越作文进入文学写作，这五本书在出版家眼中成为一个系列。现在，我重新检视这一套书，该修正的地方修正了，该补充的地方加以补充，推出崭新的版本，为新版本写一篇新序。

《作文七巧》

先从《作文七巧》说起。我当初写这本书有个缘起，有人对我说，他本来对文学有兴趣，学校里面的作文课把这个兴趣磨损了、毁坏了！我听了大吃一惊。

想当初台北有个中国语文学会，创会的诸位先进有个理念，认为文学写作和文学欣赏的能力要从小学、中学时代的作文开始培养，作文好比是正餐前的开胃菜，升学前的先修班。我是这个学会创会的会员，追随诸贤之后，为这个理念做过许多事情。早期的作文和后来的文学该有灵犀相通，怎么会大大不然？

我想，作文这堂课固然可以培养文学兴趣，它还有一个重要的任务，帮助学生通过考试，顺利升学，这两个目标并不一致，当年考试领导教学，在课堂上，老师可能太注重升学的需要，把学生的文学兴趣牺牲了。

那时候，沧海桑田，我已经距离中国语文学会非常遥远，不过旧愿仍在。我想，作文课的两个目标固然是同中有异，但是也异中有同，文学兴趣是什么？它是中国的文字可爱，中国的语言可爱，用中国语文表现思想感情，它的成品也很可爱，这种可爱的能力可以使作文写得更好，更好的作文能增加考场的胜算。

于是我花了三个月的时间写成这本《作文七巧》。记录、描绘、判断，是语文的三大功能，这三大功能用于作文，就是直叙、倒叙、抒情、描写、归纳、演绎，各项基本功夫。我从文学的高度演示七巧，又把实用的效果归于作文考试，谋求相应相求，相辅相成。我少谈理论，多谈故事，也是为了保持趣味，也为了容易记住。

有人劝我像编教材一样写《七巧》，但我宁愿像写散文一样写《七巧》，希望这本讨论如何作文的书，本身就是作文的模板。新版的《作文七巧》有二十五处修正，十九处补充，还增加了三章附录。

《作文十九问》

《七巧》谈的是最基本的作文方法，也希望学习的人层楼更上，对什么地方可以提高，什么地方可以扩大，作了暗示和埋伏。出版以后，几位教书的朋友为我搜集了许多问题，希望我答复，我一看，太高兴了，有些问题正是要发掘我的埋伏。我立刻伏案疾书，夜以继日，写出《作文十九问》，作为《作文七巧》的补述。

我追求文体的变化，这本书我采用了问答体。我在广播电台工作二十年，写"对话稿"有丰富的经验，若论行云流水，自然延伸，或者切磋琢磨，教学相长，或曲折婉转，别开生面，都适合使用这种体裁。问答之间，抑扬顿挫，可以欣赏口才，观摩措辞。当年同学们受教材习题拘束，很喜欢这种信马由缰的方式，出版以后，销路比《七巧》还好。如果《七巧》可以帮助学习者走出一步，《十九问》可以帮他向前再走一步。当然，他还需要再向前走，我在《十九问》中也存一些埋伏，留给下一本《文学种子》发挥。

为什么是十九问呢？因为写到十九，手边的、心中的问题都答复了，篇幅也可以告一段落。那时还偶然想到，古诗有十九首，"十九"这个数字跟文学的缘分很深。有人说，你这十九问，每一问都可以再衍生十九问。我对他一揖到地，对他说：够了，咱们最要紧的是劝人家独自坐下来写写写，从人生取材，纳入文学的形式，表现自己的思想情感。求其次，希望咱们的读者对文学觉得亲切，看得见门径，成为高水平的欣赏者。学游泳总得下水，游泳指南，适可而止吧。

《文学种子》

这一本，我正式标出"文学"二字，进"写作"的天地。那时候，写作和作文是两个观念，我尝试把作文的观念注入文学写作的观念，前者为初试啼声，后者为水到渠成。在《文学种子》里面，我正式使用文学术语，提出意象、体裁、题材、人生等项目，以通俗语言展示它的内涵。我重新阐释当年学来的写作六要：观察、想象、体验、选择、组合、表现，指出这是一切作家都要修习的基本功夫，我对这一部分极有信心。必须附注，这本书只是撒下种子，每一个项目都还要继续生长茎叶，开花结果。

那时候，文艺界犹在争辩文学创作可教不可教、能学不能学。

我说"创作"是无中生有,没有范文样本,创作者独辟蹊径,"写作"是有中生有,以范文样本为教材,可以教也可以学。当然,学习者也不能止于范文样本,他往往通过学习到达创作,教育的结果往往超出施教者的预期,这就是教育的奥秘。

我强调写作是拳不离手,曲不离口。写作是师父领进门,修行在个人。夸夸其谈误写作,知而不行误写作,食而不化也误写作。一个学习者,如果他对《作文七巧》和《作文十九问》里的那些建议,像学提琴那样照着琴谱反复拉过,像学画那样照着静物一再画过,应该可以顺利进入《文学种子》所设的轨道,至于能走多远,能登多高,那要看天分、环境、机遇,主要的还是要看他的心志。

本来《作文七巧》《作文十九问》《文学种子》这三本书是一个小系列,当时的说法是"由教室到文坛"。但是后来出现一个议题,即现代和古典如何贯通,于是这个小系列又有延伸。

《〈古文观止〉化读》

那些小弟弟小妹妹,先读小学,后读中学,小学的课本叫"国语",全是白话,中学的课本叫国文,出现文言。他们从"桃花谢了,还有再开的时候",突然碰上"学而时习之,不亦说乎"!

这条沟太宽，他们一步跨不过去，只有把文言当作另一种语言来学。白话文是白话文，文言文是文言文，双轨教学，殊途不能同归。

当然，由中学到大学，也有一些人打通了任督二脉，但是从未读到他们的秘籍，好吧，那就由我来探索一番吧。恰巧有个读书会要我讲《古文观止》，我当然要对他们讲时代背景、作者生平，讲生字、僻词、典故、成语，以及文言经典的特殊句法，我也当众朗读先驱者把整篇古文译成的白话。大家读了白话的《赤壁赋》《兰亭序》，当场有人反映：这些文章号称中国文学的精金美玉，怎会这样索然无味？它对我们的白话文学有何帮助？是了，是了，于是我推出进一步的读法。

我们读文言文，目的不止一个，现在谈的是写作，我们对《古文观止》的要求自有重点。现在我们读《赤壁赋》，不从东坡先生已经写成的《赤壁赋》进入，要从东坡先生未写《赤壁赋》的时候参与：他游江，我们也游江；他作文，我们也作文；他用文言，我们用白话。文言有单音词、复音词，看他在一句之中相间使用，我们白话也有单音词、复音词啊！文言有长句，有短句，看他在一段之中交替互换，我们白话也有长句有短句啊！看他文章开头单刀直入，切入正题；看他结尾急转直下，戛然而止；中间一大片腹地供他加入明月，加入音乐，加入忧郁，加入通达，奔腾驰骤,淋漓尽致。这也正是我们白话文学常有的布局啊!他是在写文言文吗,我几乎以为他写的是白话呢!我写的是白话文吗,我几乎以为是文言呢!

我说,这叫"化读",大而化之,食而化之,化而合之,合而得之。出版后,得到一句肯定:古典文学和现代散文之间的桥梁。

《讲理》

这本书完全是另外一个故事。只因为那时候升学考试爱出论说题,那些小弟弟小妹妹急急忙忙寻找论说文的作法,全家跟着患得患失。那些补习班推出考前猜题,预先拟定三个五个题目,写成文章,要你背诵默写,踏进考场以后碰运气,有人还真的猜中了,考试也高中了。每年暑期,那些考试委员和补习班展开猜题游戏,花边新闻不少。

为什么同学们见了论说题作不出文章来呢?也许因为家庭和学校都不喜欢孩子们提出意见,只鼓励他们接受大人的意见,也许论断的能力要随着年龄增长,而他们还小。我站出来告诉那些小弟弟小妹妹,你们的生活中有感动,所以可以写抒情文;你们的生活中有经历,所以可以写记叙文;你们的生活中也产生意见，一定可以写论说文。

为此我写了《讲理》，为了写这本书，我去做了一年中学教员，专教国文。教人写作一向主张自然流露，有些故事说作家是在半自动状态下手不停挥，我想那是指感性的文章。至于理性的文章，如论说文，并没有那样神秘：它像盖房子一样，可以事先设计；它像数学一样，可以步步推演。你可以先有一个核，让它变成水果。

这本书完全为了应付考试，出版后风行多年，直到升学考试的作文题不再独尊论说。倒也没有人因此轻看了这本书，因为我在书中埋伏了一个主题，希望培养社会的理性。现在重新排版，我又把很多章节改写了，把一些范文更换了，使它的内容更靠近生活，除了进入考场，也能进入茶余饭后。它仍然有自己的生命，因此和《七巧》《十九问》等书并列。

这本书的体例，模仿叶绍钧和夏丏尊两位先生合著的《文心》，在我的幼年，他们深深影响了我，许多年后我以此书回报。感谢他们！也感谢一切教育过我的先进。

语言

文章就是说话。写文章就是写你要说的话。自从这个"汉字写白话"的观念建立以来,写文章变成一件比较容易的事情。这意思是说,写"你看会不会下雨?"比"君以为天将雨乎?"容易。它有希望成为人人具有的一种技能。当然,要把文章写得很好,写成艺术品,仍然很难。

"文章就是说话",这句话往往遭人批评,因为明明有许多白话文学作品跟日常说话大有分别。我们不妨稍作补充,认为"文章是说话的延长"。这"延长"一词是什么意思?它表示量的增加、形式的美化和功效的扩大。"锤头是拳头的延长",锤头所做的正是拳头要做的事情,它代替了拳头,同时也是另一种形式的拳头,比真正的拳头更有力量。文章和说话也有分别,那正是说话延长留下的痕迹。

"文章是说话的延长",这"延长"还有"传播得很远"和"保存得很久"两个意思。口中说话,只能让附近有限的人听见,写下来就"无远弗届"。话出口之后,即生即灭,写下来就"千秋万世"了。录音技术问世以后,人说的话不经过白纸黑字也能"延长",功效与写下来印出来相等,因此灌唱片制录音带都叫"出版",一张唱片,如果是一个人在说故事,这张唱片也是一篇文章。

也有人说,文章写的不是话,是心思意念。不错,通常我们都以为先想后说,因此,如果有人说错了话,就有人讽刺他没有大脑。但是学者们说,我们在"想"的时候已经在"说"了,两者同时发生,是一件事。他们管"想"叫"内在语言",管"说"叫"外在语言"。等到写下来了,就叫"书面语言"。世上不是有说谎的骗子吗?怎能说语言就是心思意念呢?这个问题有答案。所谓假话,也在骗子心里真正那样想过。当一个骗子来向你借钱的时候,他心里想:"我要骗他的钱。可是,如果他知道有借无还,一定不肯把钱拿出来,我必须保证在三个月内归还,而且加上利息。"他当然不会把这些内在语言都说出来,他只说出保证归还的那一部分。这就是我们所谓假话,假话不假,只是不完整,隐藏了不可告人的动机。

我们通常所说的写作,就是把内在的语言转换成书面语言。为什么要这么做呢?因为我们要"表达"。表达的意思跟成语"表情达意"相近,不过表达成为文学术语以后,含意更广更深一些。表达是一种快乐,一种成就,一种权力。不能表达是一种痛苦。有人生了病,忽然不能说话,我们很同情他,为什么呢?因为他不能表达。我们对于主持广播节目的人,在报上写专栏的人,可能很景仰,很羡慕,因为他能作有效的表达。

内在语言是心灵的活动,无从和别人交通,面对面还可以察言观色,距离远了十分隔膜。心心相印和灵犀相通的是偶然的事情,而且双方所了解的不完整,更未必可靠。从前释迦牟尼在世的时候,有一次他要演讲,他在发言之前先拿起一朵花来,听讲的人中间有个人微微一笑,释迦看见那个人的笑容,就取消了那次演讲,理由是不必再讲,"我要讲什么,那个微笑的人已经知道了"。那个人真的知道了吗?那个人领会到的,和释迦要讲而没有讲出来的完全一样吗?就算两人的精神完全契合,其他那些听众又怎么办，他们怎么参加进去？就算在场所有的人都了解，他们以后要不要说出来、写出来？如果他们也不说、不写，这一部分思想怎么传开、怎么传下去？

内在语言是心灵活动，外在语言、书面语言是物质符号。物质符号能使别人听见看见，使听见看见这符号的人知道你的心思意念。如果我心里想的是"水"，你大概不会知道，如果我写出这个字来："水"，你才明白，而"水"这个字是物质做成的，油墨纸张铅字都是物质。写作是把心灵变成物质，绘画也是，画家把他的心灵变成线条颜色固定在画布上，雕塑家、雕刻家也是，他们把自己的心灵变成一块石膏、一块铜或一块大理石。这种代表艺术家心灵的物质不再单单是物质，它有超乎物质以上的意义与价值。有人去买画，他批评一幅画的定价太贵，他计算框子值多少钱，画布值多少钱，颜料值多少钱。既然如此，他何不到店里去用那些钱买框子、画布和颜料摆在客厅里？颜料画布未经画家使用过，大理石未经雕刻家处理过，都是死的物质。同一道理，排字房里的铅字未经你我选择排列时也是死的物质。秋瑾女士把几个字排列成"秋风秋雨愁煞人"，这几个字都活了，都有生命了，因为这几个字表达了一位女革命家就义前的心情。

文学的术语跟这种物质符号叫"媒介"。可不是！我心里想的是"水"，你不知道，等我写出"水"来，你才知道，这个字在我们之间沟通传递，使你我有认识有了解，它等于是一个媒人、一个介绍人，把作者和读者撮合在一起。这个例子太简单了些，当人类开始使用文字符号的时候也许就这么简单，可是后来复杂了，例如安徒生写的《丑小鸭》，就很复杂，站在作者的角度看，《丑小鸭》代表安徒生的心灵，站在读者的角度，《丑小鸭》也代表你我。《丑小鸭》出自安徒生的心灵，进入我们的心灵，这时候，它不再是一个介绍人，不再是一个第三者。后来，丑小鸭成了典故，人人可以用这个小鸭代表他自己。

不过在学习阶段，仍要把语文符号当媒介工具来看待。凡是一种工具都有它的性能，使用者要经过学习练习，把它的性能发挥出来。我们知道某种流动的液体叫"水"，知道这个字怎么写，都是经过训练然后得到的能力。这种训练是一个起点。有人问过：写作难道是木匠做桌子吗？当然不是，不过开始起步的功夫可能和木匠做桌子差不多。文艺不大像木匠做桌子，倒有点像窑工做盘子。盘子本来是盛菜用的工具，可是博物院陈列的那些盘子都不盛菜了。"鼎"本来是烧饭用的，可是毛公鼎就不是饭锅，而是艺术品了。

一个尚未成为作家的人，可以把写作当作一项技能、一门手艺来学练。这种技能就是把内在语言变成书面语言。有些人平常能言善道，一旦提笔写作却一筹莫展，这样的人往往把写作和说话看作断然不同的两件事情。他也许听说写作是天才的工作，要由文曲星下凡来做，他也许听说有人写了一首诗立刻升了大官，有人写了一篇文章赶走了成群的鳄鱼。他也许听说作家死了，玉皇大帝派乐队来迎接他的灵魂，请他去做秘书。这还得了？我凭什么能做这件事？现在我们低调些，别把作文课堂上的人吓呆了。好的作品可以惊风雨泣鬼神，但是当初也有一个阶段像做瓷盘那样学过。欧阳修是大作家，但是字怎么写，怎么用，他母亲辛辛苦苦"画荻"教过他。单单画荻不能使欧阳公成为大作家，但是不经过画荻这一类的阶段恐怕更没有希望。欧阳公写的是文言文，要在口头语言之外另有一套书面语言，他受的训练比较复杂，今人写作，口头语言跟书面语言非常接近，有时候简单到可以一致，迈出第一步到底容易。"汉字写白话","我手写我口",一个能言善道的人,或一个心思周密的人,都没有理由望着方格子发呆。只管写,写你的话,写出来再添,再改,再"延长"。

我们当然不该忘记"文章和说话不完全相同"。请注意,不是完全不同,而是"不完全相同"。这是技术方面的问题。通常,"写"比"说"简略,在电话上要说五分钟的(五分钟可以说一千字),写信也许只要三五句。老李在电话里对小王说:"明天下午我们在一块儿吃饭好不好?六点半,在中华路会宾楼,你知道这家馆子吗?在人人百货公司大楼。让我想想看,你开车来怎么走。那段路是单行道,你别走成都路,你从北门口那边绕过来,才可以靠会宾楼门口停车。好,就这么说定了,明天下午,六点半,会宾楼,先到先等,不见不散。"如果不打电话,而是写信,字数要少得多,至少,"让我想想看"之类的话不会有,因为写信可以想好了再写。把时间地点再重复一遍也无必要,因为看信的人可以重看一遍。由此可见,由"话"变成"文",往往要删减许多字句,这就是文学家经常主张的"简练"。这个经验,凡是在开会或演讲时做过记录的人都有,在字面上,写下来的总比说出来的少。

另一种情形恰恰相反,把"话"写成"文章",作者有理由增添字句。我们说过,写作是为了表达,有时候你多写几个字、多写几句话,才可以把你要表达的东西(也就是内容)表达出来,面对面说话的时候有手势、声调、表情帮助表达,写在纸上,这些都没有了,你得增加字数来弥补损失。如果我告诉你"昨天我碰见小张",如果我把重音放在"小张"一词上,如果我说这话时有惊讶兴奋之情,那么写下来就是:"你猜我昨天遇见谁?我遇见小张了!想不到吧?"另一个假设是,当你面对危险时,你说"我不怕!",可是嘴唇发抖。如果写下来,就不能只写"我不怕"三个字,嘴唇发抖也得记下,或者是:"我嘴里说不怕,其实心里十分紧张。"

"话"和"文"最大的差别还不在此。人在说话的时候,常常要先思索一下:怎么说才合适。这种考虑是一种修改。等到写作的时候,这种修改的工作尤其需要,也尤其方便。这种修改有时十分精细,某诗人自述他一天的工作,他说:"我整天都在修改我的一首诗,上午,我在第二句下面加了一个标点,下午,我又把这个标点删掉了。"这是笑话吗?我想不是。李贺作诗几乎"呕出肝脏",有他母亲作证;贾岛"两句三年得",大约也不骗人。

写作能推敲琢磨反复修改,而读文学作品的人又能从容品味百读不厌,所以文章往往比说话精致、细腻,结构复杂而寓意深远。这使文章有了独有的光彩,独立的特性,不仅仅是"话"的影子。只要不过分极端地发展文章的这种特性,它仍然是"白话文",它的光彩可以照亮"话",增加话的文采,它的特色可以成为"话"的特色,把"话"提炼升高。伟大的文学家是改进语言的人,甚至是创造语言的人。有些话我们本不知道应该怎么说,看了某一篇作品才知道。有些话我们说了许多年,后来听见某一部广播剧或看过某一部电影,才知道有更好的说法。李贺、贾岛用文言写作,需要字斟句酌,现代的白话文学也需要千锤百炼。佳句天成,妙手偶得,到底只能偶然得到;咳嗽吐痰都是文章,到底只是夸张形容。

本段前面有一句话值得重说一次:对文章的增删润饰不要过分,不要极端发展。怎样才算恰如其分呢?这问题要回到语言上。写作是内在语言变成书面语言,而内在语言就是心思意念。写作是把心思意念转化成物质媒介,这个露出外面的物质必须对藏在里面的心灵非常忠实,如果修饰能增加忠实,修饰是必要的,如果修饰能招致虚伪,修饰就是多余的。过分修饰,无论用文言或白话写作都足以伤害作品。而白话文学更不容矫揉造作、雕琢堆砌,那不仅伤害作品,也伤害了语言。

字

写作是把内在语言转为书面语言,"书面语言"是文字,是有组织的文字,是经过组织能够使作者表达心灵的文字。文字是一种媒介,对学习写作的人来说,它是一种工具,可以操练使用以发挥它的性能。

传统的教学方法是把字一个一个教给孩子,因此,人们有一印象,"字"即一个一个方块字。白话文兴起以后,大量使用复音词,给新出现的事物命名也都用两个或两个以上的字组成新词,于是人们又有一印象,"词"是单字加单字的成品。文法学者说,词是表示观念的单位,它可能是一个字、两个字,或两个以上的字。尽管如此,练习写作的人大都把"字"和"词"分别对待,字是单字,词是两个或两个以上的字。"僧推月下门"改成"僧敲月下门","推"和"敲"都是动词,可是,据说这是"炼字","小桥流水人家"和"小桥流水平沙"才是用词不同。有人把写作课程分作用字、遣词、造句、分段、谋篇,越往后字数越多,足以看出这种意见之"深入人心"。

还有一个现象。我们现在的文学理论,受外来的影响很大,有些说法得放进外文的背景里去了解。我们现在谈文学,提到这个字那个字,其实在中文里面,那个字不是一个字,是两个字或三个字(是一个复音词)。可是大家通常不说"这个词",仍说"这个字"。因为这个"词"是从外文翻译而来,它本来是"一个"外国字,只是中文译者用两个三个中国字来译它而已。"'电视'这个字","'语言学'这个字",这样的句子在报纸杂志上层出不穷,字和词的界限更不分明。

现在为了方便,把字词合并讨论,字和词的界限并不严格,是作家眼中的字词,而非文法教科书中的字词。写作,最基本的要求,是作者能识字用字。他当然不能认识所有的字,但是,他得认识他需用的字。现代作家用白话写作,用字比文言时代的作家少些,但他认识的字应该比他写作使用的字要多，因为他要阅读文言典籍。他用多少字？有几种统计资料可作答案，他或者需要六千字。从前有人自称"识字不多，用字不错"，这话很自谦也很自负。《康熙字典》收了四万多个字，一个现代人能使用五六千字，诚然不多，但是，这五六千字可能组合出来的"词"却算不清楚。作家识字用字尽管有限，储存词汇可能无限，老词、新词，他还可以自己创一些词。在写作时供他役使的，并不是那有限的字，而是那几乎无限的词。

有人说"拿破仑字典无难字"，中文字典有好几个"难"字，难查难认难写……难查是实，难认难写未必。即使难查也得多查，即使难认难写也得多认多写。一个人，既然已经或者准备用中文写作，他应该热爱中国语文，否则，何必对它投入那么多心血？对于中文，越难认越要认，越难写越要写，直到查出兴趣来，写出爱来，认出美来，更不肯罢手。中国话简直成了他的嗜好，中国文字简直成了他的情人，中国文学简直成了他的宗教。要有这几分痴迷、几分狂热、几分固执，"衣带渐宽终不悔"，才做得成中国的作家。

现代作家不仅要"识字不多，用字不错"，还得"用字不多，字尽其用"。用字不多的意思是说无须像古文派作家找冷僻的字使用，字尽其用是说抓住中国文字的特性充分发挥。一种语文的优点及其可爱之处，多半要靠使用那语文的作家发掘、发扬，甚至创造。一个中国作家也必须能证明中文可爱，他的作品才为人所爱。有人嫌中国字的笔画不规则，那么读缠绵凄清的"天外一钩残月带三星"试试看。有人嫌中国字全是方块，那么读对仗工整的"鸡声茅店月，人迹板桥霜"试试看。有人嫌中国字是单音字，那么读铿锵高亢的"风急天高猿啸哀"试试看。从前的文学家已经充分证明中文可爱，并使全世界爱它们，而今轮到了现代作家。

一个字可以分成字义、字形、字音三部分。三者以字义最为重要，字形是教人看了知道是什么意思，字音是教人听了知道是什么意思。字义有"本义"和"引申义"。本义是这个字本来的意思，是刚刚造出来时的用法，后来用来用去，它的意思扩大了，用途更广了，于是产生了引申义。这好比向水中投入一枚石子，水中出现一圈圈的波纹，圆心是本义，那一层层圆周是引申义。"经"这个字的意思本是古时织布机上的直线（横线叫纬），织布时，横线来往穿梭，直线不动，因此引申出一个意思来，不常变动者为经，如经常。不变动的东西价值高，品质好，因此最高的最好的叫经，如《圣经》、经典……许多字都是如此。

观察字词意义的引申是有趣的工作。前面提到"拿破仑字典无难字"，拿破仑生前并未编过字典，身后也没有一部字典以他的名氏命名，在这句话里，"字典"要用它的引申义来解释。字典是什么？它是一本"书"，是人们用字的总汇，对每个字的用法有可靠的说明。"拿破仑字典"就是拿破仑用过的字（第一次引申），也是拿破仑说过的话（第二次引申），一个人说话用字代表他的思想，拿破仑既然从没有说过写过"困难"，也就表示他从未想到困难，从来不怕困难（第三次引申）。为什么不干脆说"拿破仑从来不怕困难"呢？因为这样说没有文采，平板无趣。

有文学效果的语句，多半爱用字词的引申义。"结婚是恋爱的坟墓"，这个坟墓绝不是埋葬死人的地方。"爱情可以化陋室为宫殿"，这个宫殿绝不是真正的白金汉宫或真正的明清故宫。"友谊是调味品，也是止痛剂"，这个调味品绝不是椒盐蒜粉，这个止痛剂也绝不是阿司匹林。"弱者，你的名字是女人！"这句话使许多人大惑不解，"弱者"并非个别实体，如何有名字？"女人"并非专有名词，又如何做弱者的名字？这是只注重"名字"一词的本义，忘了它的意义可以引申。在这里，"名字"的意思指外表、外形、表面。弱者是女人的内容，女人是弱者的外形，也就是说天下女子皆是弱者！这是哈姆雷特的愤慨之言。他为什么不说"女人，你的名字是弱者"呢？名字是弱者未必就是弱者，"内容"是弱者才是真正的弱者。

写作的人早已发现，字形、字音跟文学上的表达有密切关系，先说字形。"玉蜀黍在月光下露齿而笑"，此处必须用"齿"，不能用"牙"，因为"齿"这个字的形状可以使你觉得看见了一粒粒排列的玉米像骨骼刻成，于是有恐怖的效果。白天可以鸟叫，夜半只宜"乌"啼，"乌"的繁体字"烏"比鸟少一短横，那一短横恰是它的眼睛，夜是黑的，乌也是黑的，怎能看得见它的黑眼珠？这样，更使读者觉得面对茫茫的、深沉的夜。描写大的乌龟，我赞成写"龜"，描写小小的金钱龟，我赞成写"龟"。大户人家灯火辉煌，我赞成写"燈"，若是"人儿伴着孤灯"，我赞成写"灯"。"泪珠儿点点滴滴湿透了罗衫"，这句话看似平常却予人印象甚深，你看句子里有多少三点水和四点水！那都是黛玉的眼泪！

我在电视公司工作的那一年，发现电视剧的编导对剧中人物的姓名十分讲究。务使字的形象和人的形象相得益彰。如果他是个瘦皮猴，怎能让他姓关？如果她是个肥婆，怎能让她姓卜？有一段时间，电视剧里的坏人都姓刁，"刁"这个字的形状尖尖棱棱，难亲难近，最后一笔更是倒行逆施，刀尖向内，我们望形生义，颇符剧情。可是刁府中人来信抗议，指出姓刁的也有很多忠信芳草，不得歧视。于是到了下一部戏，坏人姓巫，"巫"这个字的形状像一张脸，两颊有阴沉的纹，老谋深算，喜怒难测。戏未演完，巫府的抗议信又来了，下一部戏只好打开百家姓仔细琢磨。

再谈字音。有些字音能强化字义，而不同的字音能引起不同的情绪。作家为"表达"而用字，当然第一要考虑的是字义，但在许多可用的字中，倘若有些字的字音也能陪衬烘托，锦上添花，岂不也是一项选择的标准？每读"沉重"二字，总觉得比读"轻松"多费力气，"紧张"似乎又比"轻松"要多动员几十根肌肉。"呼"的字音像吐气，"吸"的字音像吸气。"江"是大水，读来声大，"溪"则声小。"长"之音长，"短"之音短，而"断"的声音亦戛然而断。"马马虎虎"究竟是哪四个字，颇有争论，也许无论哪四个字都可以，这个成语的创设，也许就是用模糊不清的声音来表示休认真和难分明。"吊儿郎当"是这四个字吗？它是怎么来的？这四个音在一起轻松而不成节奏，人们是要用这一组音节来表示没有纪律没有责任感的态度吗？

多年前我曾鼓吹诉诸听觉的文学。我们研究诗歌、戏剧、演说、谚语、民谣小调，发现前代作家对字音巧为运用，现代作家亦有所继承发扬。"渔阳鼙鼓动地来"，其中最生动最动人的，是那个"动"字，它的声音颇像战鼓，令人惊心动魄。现代作家有人描写锣声，说那面锣响得坦坦荡荡，"坦坦荡荡"的音和义都恰如其锣。"客有吹洞箫者，倚歌而和之，其声呜呜然，如怨如慕，如泣如诉，余音袅袅，不绝如缕。"这段描写尽量避免声音响亮的字，以免破坏了月夜听箫的情调，这段描写又用了许多"ㄨ"（u）韵的字，使字里行间与箫声共鸣。到了现代，一位诗人咏叹广场、夕阳、废炮、鹁鸽，焦点在鹁鸽，用字也多选"ㄨ"（u）韵，读来处处有咕咕鸽语。

有一部小说，以中国对日抗战时期的华北农村为背景，其中有一个人物突然卷进疑案，死了。小说描写这件事给当地社会造成的震荡，给死者家属带来的压力，在提到死者的子女时，有一句话是："他们是遗孽，还是遗烈？"这句话在小说中有很强的效果，它的精妙之处，即在"孽"和"烈"是叠韵，两字的韵母相同，读音虽然相近，而意义又完全相反，特别能表现出事态的暧昧和微妙，也有"失之毫厘，差之千里"的危机感。俗谚有"上台一条龙，下台一条虫"的说法，"龙"和"虫"叠韵，听来差别很小，想一想差别很大，而两字同韵，顺流急下，也表现了"转眼成空"的事态。如果换成"上台一块金，下台一块铜"，就不能有同样的效果。

作家用字，除了考虑到字形字音，还考虑到某些字的历史文化色彩。像"梅"这个字，在中国人眼里绝不仅仅是"蔷薇科落叶乔木，花瓣五片，叶卵形而尖，边沿有锯齿"而已。它还是岁寒三友，春神的第一位使者，林和靖精神上的妻子，以及许多美女的姓名。它还是许多大诗人大画家的作品，里面藏着美丽的想象和高洁的人格。这些条件使一个中国读者看到"梅"这个字有丰富的反应，这些反应，是一般英国人、美国人看见英文里的"梅"字所没有的。这是历史文化赋予"梅"这个字的特殊魅力。有人说梅兰芳诚然是大艺术家，不过他有幸姓梅，这个字帮了他的忙。这话有些道理。

谈到历史文化色彩，我们可以谈一谈"关"字。这个字使人想起关云长，关云长是何等人物，我们心中有鲜明的形象。有一位小说家创造了一个义薄云天的江湖好汉，让他姓关。这使他笔下的人物特别得到读者的敬爱。人们都自觉或不自觉地对姓关的、姓岳的、姓孔的人物有所期待。当年清朝有人写信给大将岳钟琪，劝他反清，理由之一是，岳钟琪的祖先是立志直捣黄龙的岳飞。抗战期间，日本人劝一个姓岳的出来担任伪职，这位岳先生当场拒绝，并且在自己手里写了一个"岳"字给那个日本军官看。那日本人居然点头放过他，这也是历史文化赋予"岳"字的魅力。文学作家是用文字去感染、影响、征服读者的专才，他要充分发挥文字的性能，因此，他用字遣词要连文字的这一部分潜能也放射出来。

现代中国读者对西洋的历史文化颇有了解，因此，"云雀""橄榄""罗马"在他们眼中也放出异彩。"星空非常希腊"，把"希腊"一词放在中文的背景里看，这句话有些古怪，但是，放在西洋文学背景里看呢？那些星座，那些天神都出来支持这句诗，其中意象瑰丽而诡奇。至于说诗人在中国看星，为什么要扯上另一遥远的空间，那么不住在长安的也看过长安月，不住在弱水旁边的人也饮过一瓢弱水，这仍是文化背景迎拒的问题。

好了，让我们回顾前面说过的话，问题很简单也很不简单，作家用字要善用本义（这是理所当然，我没有多说），要善用引申义，要善用字形来帮助表达，善用字音来帮助表达，要善用某些字的历史文化色彩来加强表现效果。

句

在一套有组织的文字里,句子可能占重要地位。一个完整的句子表达完整的意义。这意义,是那个叫作品的建筑物之一草一木,一砖一石。靠句子与句子的联结与辉映,作者得以实现他的心志。字和词在进入句子以后,立刻发挥作用,尽其所能。"春风又绿江南岸",若不是前有"春风又",后有"江南岸",那个"绿"字有什么值得赞美?"红杏枝头春意闹",那个"闹"字若非纳入"红杏枝头春意"的序列充当殿军,又有什么"意境全出"?

文学贵创新,有人想到创造新字。人有造字的权力,中国字能从《说文》的几千个字到《中华大字典》的几万个字,即是许多人创造增添的结果。然而当代作家自创几个别人不认识的字，对提高作品的素质并无多大帮助。有人想到用"旧字"创造"新词"，这条路比较宽些。现代新事物新观念层出不穷，需要增加新的词汇，作家、翻译家、科学家、立法专家都参加了"制词"的工作。新词多，能进入生活者少，因之，能进入文学的也少。新词先进入生活而后进入文学。"分子"接近"份子"，"份子"进入生活。"原子"有原子笔、原子弹，而原子弹可做比喻用，于是也进入文学。"质子""中子"到现在置身文学之外。"天王星"幸而有电影，"扫描"幸而有电视。

有些文学家想到"新句"。新句又分两种：一种是句法新，一种是意思新。先说句法之新，这是形式上的改造或创造。"红了樱桃，绿了芭蕉"，似为"樱桃红了，芭蕉绿了"之变。"中天月色好谁看"似为"谁看中天好月色"之变。"香稻啄余鹦鹉粒"似为"鹦鹉啄余香稻粒"之变。"想眼中有多少泪珠儿，怎禁得秋流到冬，春流到夏？"末句似为"春流到夏，秋流到冬"之变。变造后的句子都令人耳目一新。由于形式内容密不可分，实二而一，句变往往带来义变，"中天月色好谁看"意味着"中天月色虽好，可是谁来看呢？"，与"谁看中天好月色"不同。一年四季以春为岁首，以冬为岁暮，"秋流到冬，春流到夏"跨两个年头，有周而复始、无尽无休之意，和"春流到夏、秋流到冬"之有始有终不同。意思虽变，到底许多前人都曾说过，这些新句，新在形式。

"时间过？不。时间留，我们走。"这是意思新，内容新。"我无意与山比高，山不过是脱离社会的一堆土。"这个意思也新。"落霞与孤鹜齐飞，秋水共长天一色"，专家说，在这名句出现以前，同型的句子有过很多，大家陈陈相因。仔细看专家考虑罗列的句子，因袭者只是形式，论情论景，仍以"落霞""秋水"为胜，名句终非虚誉。形容美女之美，说"瀑布见了为之不流"，很奇俏。这句话是不是"闭月羞花、沉鱼落雁"的进一步夸张呢？未必是。美女出现，瀑布一定仍然在流，但是在瀑布附近惊艳的人为那绝世的美所震慑，对美女以外的现象失去反应能力，在那一刹那，在他主观的世界里，瀑布不复存在。如果他说，"我不知道瀑布是否依然在流"，也许比较容易为人接受。由"闭月羞花"想到"花容月貌"，花容月貌是旧小说的滥套，但是，"她那天晚上过分刻意修饰，化妆品用得太多，真是花容月貌，一张脸没个人样子"。这就把我们的思路导引到新的方向：桃花一般的人面，人面一般的桃花，都是可怕的怪异！尤其在灯前月下，那简直出现了人妖或花妖。

我们在下笔写作时，可能写出：内容陈旧形式也陈旧的句子、内容陈旧形式新颖的句子、内容新颖而形式陈旧的句子，以及内容和形式都新的句子。写第一种句子自然是不得已，但是无法避免。我们追求、向往第四种句子，然而何可多得！一般而言，作家在"内容旧而形式新"和"形式旧而内容新"两种句子之间奋斗，而且，有时因为内容旧，必须经营新的形式以资救济，有时因为内容新，姑且沿用旧的形式略作喘息。更进一步说，新和旧多半是相对的，所谓新，有时只是被人沿用的次数较少。在文学的世界里，"新"又是不易独占的，文学创作发展的"法则"是少数人创造，多数人模仿。"转益多师是汝师"，你模仿过人家；"透支五百年新意"，恐怕"不到百年又觉陈"，哪里需要一千年？那是因为有许多人模仿了你。

新文学运动原以文书为革命对象，它的传统之一是排斥文言。文言的传统之一是求简，有时浓缩紧密成为两个读书人之间的暗码。相形之下，挣脱文言之后的新文体清浅平实，疏朗自然。"许家的丫头多的是，谁有金鲤鱼这么吃香?她原是个叫鲤鱼的,因为受宠,就有那多事的人给加上一个'金'字,从此就金鲤鱼金鲤鱼的叫顺了口。"这段话多么透明、多么潇洒!"姨妈把毛衣交给我,看看还是崭新的。这些年来,倒是我自己把它穿旧了。我没有了母亲,只保留这件纪念品,以后每年冬天,我总穿着它,母亲的爱,好像仍旧围绕着我。"这段话多么亲切、多么生活化!写这样的白话文要才情也要功力,有人以为这样的文章人人能写,那也只是以为。难怪新文学运动提倡这种文体,它确有许多优点。

新文学使用语言,本有"标准化"的倾向,但中国地大人多,交通不便,各地语言自成格局,各有独特的词汇、谚语、歇后语。这些都可以成为作家的筹码、财宝、武器,新文学既以"活语言"为标榜,理应进一步依赖大众的口语。排斥文言所造成的损失,也许能从方言弥补。加以作家也难免偏爱自己的家乡话,于是四川的作家写"耗子",东北的作家写"胡子",广东的作家写"打工",台湾的作家写"牵手",大家看了,也很喜欢。"鸡蛋碰石头"固然是好句,"生铁碰钢蛋"也不坏。"丑媳妇终须见公婆"甚婉,"是骡子是马你拉出来遛遛"却甚豪。黄河边上卖清水,气死黄河;

长江边上却饿死了卖水的,两种假设,各有妙处。说到竹笋:"这叫笋仔,竹的囝仔,常给大人掘出、剥皮,一片一片切下,煮熟,吃了!"你看,这话连用了三个带"子"的字,其中又有两个是"人"字旁,立刻把竹笋人化了,读了,真以为吃笋是残忍的事情,无异把胎儿装进蒸笼。

白话文学以"话"为底本,而"话"本来是说给旁人听的,因此:一、它的句子短,以便一口气说出一口话来;二、句子的内容简单,听来容易明白。"蝇营狗苟"中看不中听,因为单音词和同音字太密集;"像是见缝就钻的苍蝇和见了骨头就啃的狗一样",又中听不中"说",因为句子太长,需要中途换气。"像苍蝇,见缝就钻;像狗,见了骨头就啃。"这样才听、说两便,句子短,每句只有一个很简单的意思。可是新文学运动兴起以后,外国的文学作品纷纷译成中文,译书的人对外国语文那样又长又复杂的句子不知怎么有好感,大量照译,有些作家读了那些书,不知怎么也对那么长的句子有好感,刻意仿制,于是文学的语言大起变化,出现"在银行放款部当经理的是跟她离了婚的丈夫","年轻而放荡的我和老年而拘谨的他居然在宗教问题上意见一致"。当时管领风骚的名家才人,居然写出"它那脱尽尘埃的一种清澈透逸的意境超出了图画而化生了音乐的神味",还有"那些自骗自的相信不曾把他们自己的人格混到著作里去的人们,正是被那最谬误的幻见所欺的受害者",于是有人大叫:"中国的语言哪里去了?这怎么得了?"

翻译家也有很大的功劳。读翻译的作品,中国读者知道形容一个人一口气喝下大碗水,不但可以用"牛饮",也可以用"鱼饮"。知道我们眼中的"银河",在人家眼中是"牛奶路"。人可以"埋葬"在沙发里。新人进了房并不是婚姻成功,夫妻感情美满才是"成功"。一个人的社会关系原来是他的"篱笆",可以保护他,也给他一块"地盘",一块用武之地。作家需要新意象、新词汇、新角度,在翻译的作品里可以找到很多。作家需要新句法,被动、倒装、把假设或让步的句子放在后面,都值得兼收并蓄。"不久的将来","最大的可能","百分之九十的把握","可怕的经验",不是有很多人在这样说、在这样写了吗?"一过密苏里河,内布拉斯加便摊开它全部的浩瀚,向你。坦坦荡荡的大平原。""中西部的秋季,是一场弥月不熄的野火,从浅黄到血红到暗赭到郁沉沉的浓栗,从爱荷华一直烧到俄亥俄,夜以继日日以继夜地维持好几十郡的灿烂。"诗人能写出这样的好句,也许正因为他同时是一位译家。

文艺的世界里有一个现象:如果有一个人说"东",往往就有另一个人说"西",是东是西,要拿出作品来。那个说东的人尽量往东走,最后又向西退回一段路;那个说西的人尽量往西走,最后也向东退回一截。西仍是西,东仍是东,只是东中有了西,西中也有了东。我们的文学语言有过标准与方言之争、本位与欧化之争,论战并未终结,综合的文体已现。文言与白话之争也是如此。"一清见底"的白话是一种可爱的风格,但应不是新文学唯一的风格。早期领导白话文学的人对文言深恶痛绝,他们的作品里如果也有文言的成分,那是因为白话文学尚未成熟,得心不能应手;可是他们的追随者认为文言并没有那么坏,可以做白话文学的养料,他们故意吸收文言加以运用来表示白话文学已经成熟。

文言求精简,因精简而一句之中意思拥挤稠密,有伤明晰,但若把文言巧妙地融入白话之中,即可增加白话文的密度。白话求清浅,因清浅而可能单薄松散,若使白话吸收文言灵活使用,可以增加句子的弹性和节奏变化。一位散文家写他看自己的照片簿,他认为人的生气、机智、热爱、嫉妒全不能靠一般照片表达出来。他说:"这本簿子是一个木偶世界,即使从呱呱坠地到气息奄奄,每年的照片全有,也不能构成一个动作。""呱呱坠地"和"气息奄奄"是文言成语,有了这两个成语,可以把生和死的情景在一句话内说完,这句话不致拖得很长,也不至于难懂,而且读来也顺口。这句话"一句说完"的好处是,轻舟直下,一笔扫过,避免冗长的"过场"。更妙的是生命由"呱呱"开始,而"呱呱"是成语的前两个字;生命到"奄奄"告终,而"奄奄"是成语的末两个字,两个成语恰在此处连用,说尽人的一辈子。

说到句子的节奏,可以看另一个例子:"怀乡人最畏明月夜,何况长途犹长,归途的终点也不能算家。"节奏由长短轻重快慢构成,"怀乡人"三字要连着读,"明月夜"三字也要连着读,短而且快。中间"畏"字较重,略略一顿,这个字的声音很容易过入"明"字,虽顿而不至于断,比"怕"字合适。下面"长途犹长"四字连读,干净利落,与上句相接,节奏不滞不乱,此所以用"犹"不用"还"。"归途的终点也不能算家",这一句要长,长一些才收得住,才可以把前面两句托住。由于句长,这句的最后五个字"也不能算家"是清浅纯净的白话了,长音袅袅,余音也袅袅,这时读者以较多的时间承受较轻的压力,得以回味全三句的变化与统一,伸缩与开阖。

白话文学所以重拾文言还有一个原因:真正的大白话词汇有限,尤其对古典、高贵、庄严的情景气氛拙于表达。白话文学的先驱者,有人曾主张连"古典、高贵、庄严"的内容一并革除,但是,后继者认为,文学表现人生,"古典、高贵、庄严"也是人生的样相,白话文学要接受它的挑战。我们谈过字词的历史文化色彩,容我补充,"仕女"绝不等于女人,而是有很高的教养和很高的生活水准的女人。"遗体"绝不等于尸首,而是我们所敬所爱的人的尸首。"喟然"绝不只是叹气的声音,而是伟大的人物叹气。在这些地方,文言仍被借重,文言仍有其价值与生命。

白话文学揭竿而起,推倒文言,夺得正统,在基础稳固之后再将文言收归己用。此外,"欧化"和方言也都奔流归海,共襄盛举。作者,由于各人的才情、气性、素养不同,有人偏爱欧化,有人偏爱方言,有人偏爱文言,有人三者都要,细大不捐。如调鸡尾酒,各人握有自己的配方,形成自己的风格。学习写作的人正好多看，看人家怎么做，看谁做得好。只要做出好作品来，怎么做都对。但求尽其在我，不必强人同己。这时，我们发现，白话文学写出来的"话"，与一般人在日常生活中相互沟通联系的语言确乎不同，它堪当大用，能承担多方面的任务。它"延长"了很多，但它仍然不是文言，不是土话，更不是外国话。十指连心，十子也连心，它和母体仍然息息相关，遥遥相应。如同孩子，离开母亲身边，转一个大圈子，再回来；可是，还要再走出去；可是，并非一去不返。

语文功能

语文是一种工具,凡工具都有它的功能,它的功能也都有一个限度。譬如写字,要用纸笔,什么时候用生纸,什么时候用熟纸,什么时候用硬毫,什么时候用软毫,书法家完全明白;譬如打仗,要用枪炮,什么情形之下步枪射击,什么情形之下机枪射击,什么情形之下枪榴弹,什么情形之下迫击炮,指挥官成竹在胸。作家写作要用文字,文字能为他做什么?

文字的第一种功能是记录。你大概听说过"世上最好的记性是一支铅笔"。在中国有一个说法是:发明文字是为了代替结绳记事。结绳记事的方法据说是发生了事情就在绳上打结,大事打大结,小事打小结,这个办法当然不行。南美的印第安人也用结绳记事，我在秘鲁的博物馆里见过残件，一把绳子像花蕊辐射开来，每根绳子上面都有几个结，专家说，此物相当于中国的算盘，专记数字，大概人的记忆力对数字最没有办法，特别需要符号帮助。结绳记数的功能有限，你无法想象它怎样记下十万个电话号码，当然，有十万个电话号码的社会必定会有文字，如果没有文字又怎样发明电话？文字的重要，记述功能的重要，于此可见。

在这里，我们不谈电话号码簿，不谈动物学大辞典，不谈科学实验报告，只就文学范围以内探讨"记录"。散文的体裁包含记叙文，大家都说日记、传记、游记都属记叙之列。诚然不错。不过日记、传记、游记大都不是纯粹的记录，只是"记录"的成分多一些，要想发现、分析这记录的成分，必先明白什么是纯粹记叙文，必先观察、分析纯粹的记叙文。这样的文章哪里找？也许最方便的地方是报纸。

报纸报道新闻，有所谓"纯净新闻"。记者写"纯净新闻"，必须置身事外，不动感情，滤除意见，非常客观。新闻事业认为新闻报道必须真实公正，要真实公正必须冷静客观，要做到冷静客观，记者笔下的文字必须纯净，必须不染色，必须防止情绪和意见渗入。否则，记者笔下的事实就要扭曲、变形，与真正的事实不符。情人眼里出西施，西施一旦移情别恋，又成了蛇蝎，她到底是一个什么样的女人？尊敬一个男人，称他为那位君子，那位先生，有一天憎恶他，又可以称他为那个家伙，那个坏蛋，他又到底是一个什么样的男人？西施、蛇蝎、君子、坏蛋，都染了色，都只能代表一种情绪一种意见，看不出真正的事实来。现在，"纯净新闻"在理论上稍居下风，不过记者仍以写这种新闻为基本训练和职业的特征。

新闻记者所受的文字训练常为人津津乐道。一位记者写立法院开会审查某一议案，某某委员"竟"未出席，总编辑问他："你为什么用这个'竟'字？你是不是认为他应该出席？倘若如此，你可另外写一篇短评。"说完，提笔把"竟"字勾去。报道联考生弃权缺席的人数，不宜说"有三千人之多"，也不宜说"不过三千人而已"，三千人就是三千人。报道一个经商失败的人死了，只能说"身旁有安眠药的空瓶一个"，不能说他"服安眠药自杀"，除非法医验尸之后如此宣布。在香港，一个提琴手失业了，站在行人道上演奏并接受报酬，报纸说他"流落街头"，他到法院告报馆诽谤，结果报馆败诉，因为法官认为"流落"一词含有恶意。

唯有用这样严格的态度控制文字，才可以做到忠于事实，写出纯粹的记叙文。为了完全了解文字的功能，作家应该做这实验，而这种能力，在创作的时候，尤其在写小说或剧本的时候，也常常用得着。写实主义的大师曾经主张，作家的工作应该像科学家一样，作品完成之后即脱离作家，其中完全没有作家的"人格"。提出这一主张的人并未能够完全实践自己的主张，就文学论文学，也没有彻底奉行的必要，但是有时候，在某一部作品的某一部分，为了造成某种效果，这种能力可以为作品添一姿采。有一部小说的主角是医生，可是他在诊病的时候完全不像个医生，作者忘了，医生在讨论病情的时候所用的语言也是十分"纯净"的。

文字的第二种功能是论断。它和前面所说的记录几乎相反：一个纯洁，一个染色；一个客观，一个主观；一个使人知道，一个使人赞同；一个写外在事物，一个写内心主张。

什么是"论断"呢？且看那个"断"字，"断"是一种分辨，一种决定，一种选择。法官判案叫作断，他要分辨是非，决定谁对谁错；记录，纯粹的记录，只有"是真是假"的问题，没有谁对谁错的问题，它像是法庭上的书记。法官判案不是要客观公正吗？怎能说"断"要主观？在法庭上，原告被告各执一词，都很主观，法官在原告被告之外、之上，不偏袒任何一方，但是法官仍在法律之下，在政治制度之下，政治制度若不同，法律也不同，法官的见解、决定也不同。

观察语文论断的功能，最方便的，是重温一些格言："要人家怎样待你，先怎样待人。"这句话代表一种决定。说这句话的人希望别人举手赞成，他用这句话做标准，去判断别人的行为是对是错。而这句话是对是错，也常常引起别人的论断。"先送货到家，再分期付款"，就代表相反的决定。它的句式应该是"做人处世要像分期付款买东西，先让他们把货送来"。这句话也可以成为一个标准，去判断别人的行为。而这句话也同样可能引起别人的反对。如果作记录，写成："耶稣说过，要人家怎么待你，先怎样待人。"它可能引起的争论是耶稣到底说过这样一句话没有——记录是真是假。只有引用耶稣的话去规范人生，才涉入论断的层次。

"储蓄金钱的人很聪明,储蓄时间的人是傻子。"所谓"储蓄时间",是指荒废时间,不加利用。不用说,第一个储蓄是用本义,第二个储蓄要用引申义。"聪明"和"傻子"两个词毫不客气地染了色,褒贬分明。但是天天在北窗下多睡午觉的陶渊明,大概不承认自己的智力远逊别人。鼓励投资和消费的经济学者未必肯称赞守财奴。有人在看过《格言大全》之后说:"怎么有许多格言彼此冲突?"他发现了"论断"语句的主观色彩。这正是论断的作用;它要建立一点什么,肯定一些什么,同时排斥一点什么,否定一点什么。

我们可以发现,有些语句是没有"排他性"的。"一个衣着朴素的人,带着鲜花,从细雨中走过,在墓地徘徊。""故乡的河不大,但是有娟秀的面貌,它似乎是锦缎织成的腰带,而田野就是卧着的女郎。"这样的句子愿意和别的句子并育而不相害。从前有一位名士,生逢乱世,他从未说过一句"论断"的话,未曾得罪别人。而现代著名的杂文作家出言像利刃,两者都深晓语言的性能而长于使用。说"孟母三迁"的故事是叙述,"不要跟杀猪的屠户做邻居"是论断,"我家门前有小河,后面有山坡,山花红似火"

是描写。叙述可能引起论断,描写可能包藏论断(例如认为有山有水的地方最宜安家),然而都不是"论断"的本身。

作家有正义感,能明辨是非,他的"内在语言"当然有丰富的论断语句,至于"外在语言",他有时要写论文或杂文。在小说和戏剧里面,人物对话可能有讲理、吵架、辩论、讲道、训话的时候。在抒情写景中本不宜有论断式的语句掺入,但是这个"规矩"已逐渐打破。抒情写景所用的语句,在较低的抽象层次上进行,论断的抽象层次较高,偶尔杂用,能使读者"眼界扩大,感慨加深",如看风景,爬到高处眺望一番再回到地面细赏。"康桥本来就是剑桥,这是后来才弄清楚的。剑桥大学对英国文化的意义,则为高中以后读闲书时获取的启示。闲书真是不可不读,虽然读多了难免杂念纷纷,考不上大学。教育就是这么复杂这么矛盾。不幸而考不上大学也不是太了不起的事情,因为科举落第的人当中也往往有些大智大慧,如浩瀚渊博的王国维。"这段话由低抽象层次开始,越说越高,到教育复杂矛盾一句为最高点,然后一级级下降,读来跟走过一座拱形大桥的经验差不多。"黑衣人早就逗着引着秋秋,要引起秋秋的注意,此时犹不迭地喊着他。大约爱得到别人欢迎的人，也有这样一颗虚荣心，也要得小孩子的欢迎……"最后两句升上去低头观照前面三句，特别有滋味。

文字还有一种功能：描写。"描"和"写"本来指画画儿，现在作家用文字作画，把人、物、情、景写得"历历如绘"。这种功能"论断"固然没有，"记录"也不成。"论断"着重"义理"，忽略"形相"，捉到了鱼就不要捉鱼用的竹篓子。"记录"太着重有形的、可以实指的外表，达不到精神韵味，有"画虎画皮"的嫌疑。"描写"所制作的文字画，是画虎画骨，"画竹未必似竹"，是人、物、情、景先进入作家心中，再由心中流入笔底，融合了作家的感情气质抱负识见，成为他所创造的人物情景。米芾画的山水，自成一家，人称米家云山，在文学界，也有某某人笔下的台北、某某人笔下的香港，跟别人写的台北、香港不同。

"描写"，大半写作者的眼睛观察到的景象，可以叫作视觉描写。此外，"心理描写"也很重要，写出人物的心理活动。文章也描写听觉、味觉、嗅觉甚至触觉。一篇小说写猎人穿着黑衣服、在黑夜里、进入黑森林、去打一只黑鸟，我们也走进了那个黑森林，其实我们眼底只有铅字。一篇散文写清晨、带露的竹叶有细细的清香，我们也闻见了那香味，虽然我们实际上闻到的只有油墨。读"客去茶甘留舌本"，我们舌底生津，读"车走雷声语未通"，我们耳鼓发胀。一位盲聋作家说，他也到音乐会去过，坐在位子上，扶着把手，音乐响起来，他的手感到那轻微的、有韵律的震颤——那震颤也传到了我们的身上。这么说，作家所描写的，比画家要广泛，他不只是在"画画儿"，"描写"一词的含义引申得更长了。

"描写"所用的语文，更具体，更精细，张力和密度都超过记录、论断，用一位批评家的话来形容，叫作"调门儿拔高"。有一位作家形容香港，她说："海湾里有这么一个地方，有的是密密层层的人，密密层层的灯，密密层层的耀眼的货品……然而这灯与人与货之外，还有那凄清的天与海——无边的荒凉，无边的恐怖。"这可不是记录，这是描写。这位女作家形容香港的男孩子："总是非常合身裁剪的衣服，衬着瘦高的身材，真是令人心疼的瘦削，脸上峻薄的线条，思想极快捷似的。……这类时髦漂亮的男孩，不知怎么很有种薄幸的感觉，绝不能天长地久。"这不是议论，这是描写。这段描写香港男孩的文章好极，老实说，台北有很多青年也属这一型，这是时代的一个特征，很多人没有看出来，或者看见了没有写出来。记录、议论和描写的差别，有时不仅是水与酒的差别，有时候是速成上市的水酒与陈年佳酿的差别。发觉水与酒不同，容易；发觉水酒和好酒的差别，难。要想在这里写个明白，具有不能言诠之苦。不过有志写作的人多读多写，多观摩多揣摩，终能冲破这一关，也必得冲过去，才做得成作家。

前面所引的描写香港的那段文字，写得真像是描画样儿一样，仿佛拿一张透明的纸铺在香港（自然是作家心中的香港）上面，一笔一笔把线条轮廓描下来，只有最后两句"无边的荒凉，无边的恐怖"有些抽象，不过这两句话原是描写香港以外的天与海，天与海是那么大，那么远，那么空虚，用两个比较抽象的字眼来形容，倒也恰如其分，而且，后面的两个比较抽象的字眼，对前面"密密层层"实实在在的东西产生了对比和衬托的作用，使"孤岛"的意象凸出，我们的注意力被这个意象吸引，一点也不觉得"荒凉"抽象。前面这种一笔一笔把线条轮廓描下来的写法，称为"白描"。白描是描写的基本手法之一。

还有一种重要的手法是比喻。作者要描写一种情状，为了使你知道那到底是一种什么样的情状，拿另外一种情状来比一下。白描是只描写一件东西,是"单式"的描写,比喻是同时描写两件东西,使它们互相辉映,互相衬托,互相形容,在某一点上合二为一,是"双料"的描写、"复式"描写。说男孩脸上的线条"峻薄",就有比喻的意思,这是说脸上骨多肉少,像石多土少的高山。这个比喻用得并不明显。有些例子更清楚:"每朵花都要像出嫁的新娘那样装扮得整整齐齐。""深秋傍晚,风很急劲,弦似的走动在草叶上,发出一片瑟瑟之声。""樟木箱又深又沉,像一个混沌黝黑初生的宇宙。""我像驴子驮黄金一样负起我的责任。""像大江入海,他走了。"这种明显的比喻就叫"明喻"。

明喻是"甲像乙一样",如果不说"甲"——不说"被喻之物",只把"乙"说出来,那是"暗喻"。暗喻说出一半,藏下一半,但是,由于读者和作者双方的默契,那藏起来的部分可以意会。"引狼入室"并不是说狼,"天涯何处无芳草"也不是说草,温习一下常用的成语,就知暗喻的用处真大;花天酒地的"花",云游四海的"云",风行一时的"风",一线生机的"线",人欲横流的"流",专攻文学的"攻",醉心音乐的"醉",滔滔不绝的"滔滔",心潮汹涌的"汹涌"……这些都是暗喻。用得久了,编字典的人就加写一条，说"攻"字经过引申，当"研究"用，"醉"字经过引申，当"专注入迷"用。其实它们本来都是比喻啊！

在作家笔下，记录、论断、描写，并不截然分立。三者经常综合成一体。除非作家故意实验，他们也没有理由限定语文只许发生一种功能。但是，只要作家愿意，只要作家认为必要，他确能分开黄豆黑豆、山羊绵羊，在作家笔下，这三大种功能的综合，是有意的，是经过设计的，并不是因为失去控制出现了混乱。只有能够写纯粹的记叙（或纯粹的议论，或纯粹的描写），才会把语文的记录功能（或论断功能，或描写功能）认识得清清楚楚，发挥得淋漓尽致；只有真正掌握了这三者，加以综合，才真正掌握了语文。

意象

"文学"有广义狭义之说。狭义的文学限于用语文表达思想情感。但狭义的文学还有一更狭小的核心，那就是表达心思意念要出之以"意象"，文学作家所写的乃是意象。认识这个核心，才真正认识文学。作家必须能产生意象并写出意象。

意象又是什么？这个术语很难解释。它愈难解释，愈有人要解释它，因此它不止有一个定义。没有一个定义能使所有的人（尤其是学习写作的人）满意。有人说，如果你懂什么是意象，不需要别人解释；如果你不懂，别人的解释是枉然。这话说对了一半。另一半是：我们由不懂到懂，有一个过程。所有的解释也许都难使人立刻豁然贯通，但是一定可以帮助我们过渡。各家对"意象"的注解都有"助解"之功。见过高手下围棋吗？有时候，你看见他随手在空旷的地方摆下一子，简直毫无用处，但是走着走着，双方鏖战到起初落子的地方，那颗"闲子"如画龙点睛，奠定大局。对于追求"什么是意象"的人而言，意象的定义也许就是这颗棋子。

这个"意象"从翻译而来，专家多就原文下手解释，现在从中文着眼试试看。意象是"意中之象，象中有意"，八个字中有两个"意"字，这两个"意"字的意思不同。先说"意中之象"的"意"。这个"意"就是"意中人"的那个"意"。意中人藏在心意之中，未必实有其人，或者虽有其人，其人对我只有精神上的意义，只是心灵的供奉。当其人在我意中时，我能清晰地看见、听见、闻见气息。那是一种逼真的幻觉。在这幻觉中，我只有浑然的直觉，放弃分析，放弃判断，放弃验证。在如此这般的"意"中，有一个"象"，这个"象"是具体的样相。如果你占卦问卜，卦上有"爻"，卜师凭"爻象"断吉凶。他说："火克金，破财之象。""火克金"是烈火熔化了金块，这是一个"象"，在如此这般中的一个"象"中又含有"意"，即意味着破财。

"象"常如梦境般的恍惚,"恍兮惚兮,其中有象",但此象中所含的"意"却能清楚领略。

此种"意象",确为相当微妙的一种经验。当它出现时,那经验近似做梦,因此有人用梦的构成来解释文艺。意象给我们的经验又跟看电影近似,电影是活动的连续的画面,是"象",因此有人管好莱坞叫"制造白日梦的工厂"。在文学作品里面,诗最能引起类似的经验,诗最需要意象来表现,使读者神游于意象之中,人或称为"文字的催眠术"。其实何止是诗,好的文学作品(当然是狭义的文学)都应该如是。在这种要求下,文学作品是很独特的东西,在语文大家族中"生有异禀""独树一帜"。

如此看来,不能产生意象的作家,犹之不能怀孕的母亲。不过意象并不神秘,它可能产生在每一个人的心意里。孔子在看见一条大河的时候说:"逝者如斯夫,不舍昼夜!"有人说这是一句诗,因为句中有生动的意象(加上节奏)。朱子从这个"意象"里看出宇宙的"存神过化",可见孔夫子脑子里并非只有"欲治其国者,必先齐其家"等论断。当刘备是一个少年的时候,他坐在一棵树下面说:"我为天子,当乘此伞盖。"他是用语言表现意象,那时候,也许有人说他在做"梦"。这个意象的背后是天下大乱、豪杰并起的世局。可见这位"得相能开国"的政治人物也有其"文艺"的一面。耶稣布道曾经多次使用意象,他在号召门徒面对牺牲的时候说:"一粒麦子若不落在地里死了,仍旧是一粒,若是死了,就结出许多子粒来。"这个麦子落地的意象直到后世还能感动(或者煽动)许多人。

作家是人类中的一员,他不是超人,他具有的能力,非作家也可能具有。不过"天之生物不齐",作家在某些方面可能比别人锐敏,而且"精神愈用愈出",他得天独厚的禀赋可能因锻炼而更强过同类。就像歌手、歌唱家唱歌比一般人要多,作家的意象也比一般人丰富。如果拿作家写的文章和非作家写的文章作一比较,可以发现作家在叙述议论中也常借重意象,非作家在抒情写景时反而缺少意象。一个诗人在想到黑白种族混合的时候,立刻"看见"一只黑手和一只白手紧握,他们的手指互相交叉,黑色的手指紧紧贴在软玉般的白色手背上,粗糙有力,白色的细长手指贴在黑色的手臂上,指甲上涂着蔻丹。有一次,我跟一位小说家谈到青年力争上游的故事。他立刻有个构想:一栋五层高的办公大楼,最低阶层的部门在地下室办公,越往上，层级越高，在一楼工作的人最大的愿望是调到二楼去。有一位电影导演告诉我，他想怎么处理一个殉道者的画面：演员倒下去，但是有一个半透明的影像随着站起，并且脱离尸体飘然上升。意象简直取之不尽，生产意象简直成了他们的本能。

"本能"，这个说法太夸张吗？也许没有。作者究竟是先有一个记录或论断的语句在心里，然后把它"翻译"成意象呢，还是本来想的就是意象？在创作经验中两者都有，但是论造诣，以本来就用意象思考为高。在学习的过程中这可能是两个阶段，也可能是意象出现的两个门户，一个"正门"，一个"侧门"，正门不见侧门见。有一次我需要一个秋夜寒冷肃杀的意象，想了好久，决定把"床前明月光，疑是地上霜"倒置使用，写下："打开门，看见满院月色，一脚踏上去却不见人影，仰看天色，才知道下了浓霜。"另一次我描写一片桃花林，中间不经任何转折，一下子就"看见"西天晚霞流下地平线泛滥到眼前来，自己立刻意乱神迷了。

意象产生，作家的本领只使出一半，还有一半是把它写下来，使读者也进入那意象，或者说，使那个"象"进入读者的"意"中。作家的文字必须"具象",不能"抽象",一旦抽去意象(这个解释只在此处适用),作品就失去感人的力量。为了符合这个要求,"描写"的功能占第一位。一般讨论写作的书都劝我们"勿以叙述代替描写""勿以议论代替描写",因为叙述、议论可能"抽象"。有人讽刺某些作品,说是"文学技巧不够的地方用口号代替",因为口号大半是直接喊出来,未曾转化成"象"。语文的记录功能和论断功能都是使人"知",描写则是使人"感",作者不应该企图使读者"知道"有那么一个意象,而是企图使那意象成为读者的感觉。因此,作者必须充分发挥语文的描写功能,长于描写是作家之所以成为作家的技术条件。

有人说好文章是"好的意见说得好",我们在这里缩小范围,强调"好的意象描写得好"。好意象的条件是:鲜明、生动、新鲜,能见出作家的人格、气质、性情,那些人人传诵引用的名句里面多半有好的意象。好的意象使句子好,好的句子也可能使意象好。"男女之事,就像一大筐黄豆里面碰巧有那么两颗红豆,而且,这两颗红豆碰巧不前不后、不左不右,肩挨肩、面对面地挤压在一起。"这是"姻缘"的意象,妙在用豆(像人头),更妙在用红豆。"红"

字不但色彩鲜明，红豆更有其历史文化色彩，代表相思。意象有时靠句中一两个字，"春心莫共花争发，一寸相思一寸灰"，全靠这个"灰"字。文言如此，白话何尝不然？形容盛开的白菊"抖出一个水晶球来"，"抖"字极好，使人想见菊之肥，生命力之盛，同时也有点危机感，怕菊茎支撑不住。"那用寂寞寂寞加寂寞串成的昼昼夜夜"，意象在"串"字，如果不用这个字，恐怕句子就"抽象"了。

为什么文学这么看重意象呢？因为文学创作以语文为工具，必须把这个工具的特性充分发挥至尽，才可以在文艺的世界里占一个地位。工具的特性包括工具的优点和缺陷。大凡使用一种工具，要知道这工具能做什么和不能做什么，通常，我们一面享有工具带来的方便，也忍受工具加给我们的限制。但艺术家何等了得，工具的长处他要利用，工具的缺点他也要利用，他能把短处化为长处。水彩画家的成就，固然离不开水彩颜料、画笔和画纸的长处，但是也可以说建筑在那些工具的短处上，化短为长，水彩画乃成为画坛上的一个门类。文学家深深了解，语文似乎天生为意象而设，在表现意象时，语文的长处充分显出来，短处也不再是短处，若非语文有那"短处"，文学作品也许不能列为八大艺术之一。

这话怎么说？原来语文有两大缺点：

第一个缺点是，语文代表事物，但事物永远在变化、在演进，语文永远追不上、说不完。有一个小故事可以代表语文的窘境，据说有一群住在米仓里的老鼠搬家，它们想把仓里的米也搬走，搬运的方式是把米衔在嘴里来回奔波，一只只老鼠去了又来，来了又去，说故事的人一直重复下去，非到米仓搬空不能有下文。什么时候才说到老鼠搬完了家？而且老鼠还有动作表情，而且搬家要费那么久的时间，中途有老老鼠死了，小老鼠生下来……怎么得了，永远没个完，即使口若悬河、死而后已也说不完一件事。语文怎么这么不中用！文学家说：没关系，看我的。他用语文表现意象，而意象这玩意儿恰恰不必把事物说完全，故意只说出一点点儿，没说出来的比已经说出来的不知要多出多少倍。为了解释一首诗可以写一本书，因为那首诗没有把话说完。一本好小说可以令人一生回味无穷，因为那本小说没有把话说完。为什么一定要说完？让天下读者自己去补充岂不更好？何不把"说不完"当作一项特色？所以他要写意象。

语文的另一个缺点是不准确，我想说的是这个意思，可是他偏偏认为不是这个意思、是那个意思，而她又可能认为是另一个意思。"不可说，不可说"，一说就错。连"蓬门今始为君开"这样朴素的句子也可以有个别解。通常人们用语文沟通情意，促进了解，最怕弄拧了意思造成误会，而大小误会还是天天发生。使用语文的人天天提高警觉讲求准确，往往把语文弄得又单调又呆板。有这么一个故事：某记者写新闻，常常被采访主任挑出毛病来，认为不够准确。有一天，这位记者赌气写了一条新闻，报道某人表演魔术，当场有二百四十一只眼睛盯着看。采访主任问他：眼睛怎么会是单数？他说"这次我算得很准，其中有个人是独眼龙！"

文学家知道文字不易准确，也似乎不宜准确，就故意利用它的不准确，以产生文学上的意象。长堤选美，给美女定下标准，计有身高五尺四，颈围十四英寸又四分之三，肩斜度二十度，大腿粗二十二英寸，小腿粗十二英寸，脚踝八英寸半，写得很准确，但是你看不见美女的影子。文学家不这么干，他形容美女"增一分则太长，减一分则太短"，模模糊糊，但是其中有个美人。家住台中市府后街几号之几,很准确,没有意象,不像个家,"我家门前有小河,背后有山坡",不准确,有意象,反而像个家。"准确"的效果是说一是一,说二是二,这样固然很好,可是文学家并不满意。为什么不来点弦外之音、言外之意呢?为什么不让读者横看成岭、侧看成峰呢?在植物学辞典里,一种花只是一种花,绝不与别种花混淆;在诗人笔下,一朵花是一个世界。文学自有千秋,不与植物学争长短。

文学作品是字句组成的,也是意象组成的。作家积字成句,因为句子有意象;积句成段,因为段中有意象;联结各段成篇,一篇作品可能是许多意象的组合。"枯藤、老树、昏鸦"合成一个意象,写出有些生命找到归宿;"小桥、流水、人家"合成一个意象,写出有些生活得到安定;"古道、西风、瘦马"合成一个意象,写出世上仍有荒原;"夕阳西下,断肠人在天涯"合成意象,写出安身立命的困难。这些意象又组成一个复杂的意象,表现了"狐狸有洞,天上的飞鸟有窝,唯有人子没有枕头的地方"。这个天涯的断肠人究竟是无法得到小桥流水旁边的"人家"呢,还是不甘心做老树上的枯藤、昏鸦?他是"一身飘零",可怜,还是"四海为家",悲壮?他生存的价值小于"家",所以无家,还是生存的意义大于"家",所以弃家?有一首西部歌曲开头就问:"林哥林哥不回家,千山万水找什么?"……人人可以从中产生自己的话题,而且永远说不完。

意象意象加意象,好的意象写得好,把最好的意象放在最适当的位置,这就是文学。

题材来源

作家总是有那么多东西可写。他哪儿来的那么多材料？有人说这就是天才，他在捕捉题材时有过人的敏感与敏捷；有人说这是因为专注——注意力集中，别人发现题材的机会跟他一样多，只是别人心不在焉，往往视而不见。这两个说法都有道理。通常，你需要什么就特别注意什么，经常注意什么就能多知道什么。我在子女幼小时熟知小儿科名医的住址，老大后却能背诵心脏病医生的电话号码。若有一人经过梧桐树下，恰巧一片叶子在他面前飘然坠地，而他肯弯下腰去拾起来把玩一番，这人不是小孩就是一个作家。所以作家描写秋天有话可说。但是，如果每个作家都很专注，如果每个作家都描写秋景，还是分得出长短高下，这里面恐怕有天生的差异。也许有一个作家，起初写秋景写不好，几年以后却写得很生动，这又是努力的结果。

提到天才，我无话可说，这里能说的是人力修为。笼统地说，作家的题材来自人生和自然。一个人，不论他是不是作家，他生活在世界上，人生和自然必定在他心里留下一些东西。诗是一个人"夜半心头之一声"，说这句话的人认为人人心中有作诗的材料。所以，有些人，他从未想到要做作家，最后也写了一本书：他的自传。这是"材料"找上了他。作家固然也有机会被"材料"找上门来，但是他也主动去找材料。他故意深入人生，故意接近自然。为了这个，有人到非洲打猎，到圣地亚哥钓鱼，有人到德国探访纳粹的集中营。有人可以坐在一块石头上纹风不动，以至飞鸟也把他当作一块石头，落在他的肩上。有人"漆身吞炭"，装扮黑人，到美国南部最歧视黑人的地方去挨打受骂。樱花开了，多少人去看樱花，作家去看花时多多少少会想到"留着写文章用"。也许他等樱花谢了以后再去看，也写一篇《樱落后游阳明山》。

为了写作，作家十分热心地观察人生及自然。他观察人生百态：生老病死喜怒哀乐聚散离合得失荣辱；他观察自然万象：春夏秋冬晴雨霜雪鸟兽虫鱼湖海山原。他看人怎么适应自然改变自然利用自然，他也看自然怎样影响人生充实人生。作家是生命力的见证人，美的发现者，他挑选一些值得保存的东西，使它们不被时间毁灭。有一个诗人说："如果我不来，这一山野花都白开了。"花开了，又谢了，落在泥土里腐烂了，而山上只有牛羊走过，老鹰飞过，那教花儿怎么忍受——作家来了，他观察这些花，产生意象，这些花就可能永远不谢，价值也可能不只是一些花。

看前人的作品，可以发现作家的观察各有独到，可以从中学习观察的方法。诗人从空中乌鸦的背上看见夕阳的余晖，我们也从草原里羊群的背上看见，从都市高楼的电视天线上看见。诗人看见酒杯里不只是酒，还有满杯的山光，我们也从酒里看见月色。诗人指出，由于光线变化，早晨的山和中午的山几乎不是同一座山，我们也看出，一个人在阳光下是一副样子，在阴影里另是一副样子，在灯光下又是一个样子，几乎不是同一个人。看那些好作品会生发一种感想：那么精微隐秘的现象他怎么看得见！或者，这么平常普遍的现象我怎么没看见！若非一位小说家提醒，我从未注意到新生的婴儿个个握着拳头（他们来争夺一切），而停在太平间里的尸体个个撒开手掌。（他们已放弃一切！）若非一位画家谈到皴法，我不知道山的脸上有许多皱纹，是一尊尊饱经沧桑的巨灵！

官能感觉以视觉最重要，因此观察以眼睛为主力，但听觉、嗅觉、触觉也是观察力的一部分。一位诗人在农家宿夜，听到玉蜀黍生长的声音。另一诗人"归来已三更，敲门都不应"，就干脆"倚杖听潮声"。做饭的丫头从厨房里出来，一位诗人闻见她一身都是油盐酱醋的气味。一位小说家描写一个无趣的人："跟那人握手就像跟树枝握手"，另一位小说家形容另一个人，则说："跟他握手时像握住了一条泥鳅。"在著名的诗句里面，"此时无声胜有声"有听觉上的效果，"重帘不卷留香久"有嗅觉上的效果，"温泉水滑洗凝脂"有触觉上的效果。

以上所说的观察偏重片断。观察还有连续的、总体的观察。当年有位小说家在某某茶叶公司做事，工作不多，待遇也少，有人劝他改换职业，他不肯，他说那茶叶公司的老板是个小说人物，他要把这台戏看到底。有位作家住在和平东路，另一位作家住在敦化北路，他们各自描写自己住了几十年的一条马路，把路上的兴废成坏前前后后写出来，反映三十年来台北市的变迁。那个给英国文豪约翰逊写传记的人，天天跟紧了约翰逊，使约翰逊觉得浑身不自在，有一次恨不得想杀死他。复杂的题材大都由连续的、总体的观察得来。

写作材料的第二个来源是想象。"观察"可以得到那已经存在已经发生的。譬如一只鸟，"观察"是鸟在地上走，"想象"是鸟在天上飞，领域扩大，变化增多。孔子曾经"终日不食，终夜不寝"，一直在想。他想什么？《论语》没有说，有人把孔子的"心事"原原本本写出来，就凭想象。犹太人捉了一个淫妇去问耶稣，可否按律法把这淫妇用乱石打死，耶稣不答，在地上画字。他画的是什么字呢？《新约》没有说。后来有人把耶稣画的字写出来了，也是凭想象。在我的家乡，大家相信若在七夕之夜"卧看牵牛织女星"，终能看见牵牛星到银河对岸去和织女星会合。我由此生一想象：有个多愁善感的女孩，在七夕之夜目不转睛看那两个星座，最后果然看见双星会合，十分兴奋，却不知这是因为她看得太久，视觉模糊错乱了！她第二天不能上学，因为她的眼睛弄出毛病来了！这不是已经发生的事，这只是可能发生的事。

"想象"不但能使作家得到那可能发生的事，也使作家得到许多"根本不可能"的事。描写"不可能的事"，使它有文学价值，是作家对人群的特别贡献，文学对人类生活的调剂作用因此充分发挥，对人的启示也更深。"不可能的事"使人首先想到神话。我很喜欢巨人夸父追赶太阳的故事，夸父在快要赶上太阳的时候累死了，他死前一口气喝干了一条河，死后化成一座山。我也很喜欢杜子春入山修道的故事，他不怕毒蛇猛兽，不怕刀山油锅。他通过了许多考验，可是最后一关通不过，当他化身为一个母亲的时候无法不爱孩子。嫦娥奔月是很好的神话，"嫦娥应悔偷灵药，碧海青天夜夜心"更好，虽然诗人未能提供情节，但"碧海青天夜夜心"是警句，青天一轮月，碧海中也有一轮月，天和海都那么辽阔空旷，都似真似幻，有视觉效果。月挂在天上，月浸在水里，冷冷清清，凄凄凉凉，有触觉效果。碧海无声，青天无声，夜静无声，内心无声，读到"心"字真是万籁俱寂，有听觉效果。碧海青天闻不见一点儿人间烟火的气味，有嗅觉效果。"碧海青天夜夜心"不过七个字罢了，写出一个没有色彩可看、没有气味可闻、没有声音可听、没有实体可以触摸的世界，嫦娥焉得不悔，我们焉得说此事不可能！

想象还有一个作用：帮助我们去发现新的事实，扩大观察的范围。新闻记者大都长于观察，也长于想象，他们说的"新闻鼻"就是想象力。他们根据想象再去追踪观察，求个水落石出。有一年，高雄选举美齿小姐，当选者不但要年轻漂亮，还要牙齿健康。有位小姐当选皇后，成为新闻人物，记者们都认得她。几个月后，有一位记者到医院去探问朋友，离开医院时在大门口遇见美齿皇后，本来彼此点点头各奔前程去了，可这位记者走了几步又折回来。他想：这位小姐是不是来看病？如果是看病，会不会看牙科？如果美齿皇后牙痛，倒是一件有趣的新闻。他回到医院一查，她果然牙肉发炎！这种对人生遭际的想象力，对写小说的人特别重要。

记者有了想象力，接着查证；文学家不必查证，接着就写。"僧推月下门"改成"僧敲月下门"，查证过吗？"絮""盐"都像雪，却是两种不同的雪，到底"咏絮"那天下的是哪种雪？"夜半钟声到客船"是好句，管它寒山寺夜半打钟不打钟！大明湖里有千佛山的倒影是好景，管它是实景还是老残的造景！王维的《桃源行》以陶渊明的

《桃花源记》为蓝本,但是王维更改了不少,陶的主角是渔人,王的主角是渔翁;陶说渔人逆流而上,王说渔翁顺流而下;陶说渔人再寻桃源是为政府工作,王说渔翁再寻桃源是想做隐士;陶说渔人找不着桃源是迷了路,王说渔翁找不到桃源是河水泛滥。到底谁对?他俩都对!他们各有各的想象,各有各的意象,各有各的文学效果。

题材的第三个来源是体验:体会和经验。这两件事是一件,先经验后体会,能经验始能体会。经验是亲自尝受,体会是因为自己尝受过,知道别人的心里是什么滋味。我们闻过玫瑰花的香味,这是经验。现在我们自己手里没有花,远远看见别人捧着一把玫瑰放在鼻子底下,我们虽然不是那个手里捧花的人,却也知道那人的嗅觉正在有什么样的感受。凭我们闻过花香,可以描写一切闻见花香的人。凭我们吃过糖,我们可以描写一切吃糖的孩子。如果我们在课堂上偷偷地写情书,可以描写一切这样做的人。所以作家不只能写自己,也能写别人。凭什么说"嫦娥应悔偷灵药"?因为在"碧海青天夜夜心"那样的环境里我们也会寂寞得要死。

一个人的经验总有范围局限,对于从未有过的经验很难用"体会"的方式去扩大使用。从未失恋的人写不出少年维特或罗密欧来。我们吃过糖，没有喝过酒，因此写不出李白醉酒的滋味。作家多半要年龄大一点儿才写出成熟的作品，不仅是时间久，功夫深，也因为经验丰富了。他做过子女也做过父母，做过部下也做过上司，有过得意的日子也受过挫折打击，作品才有深度广度。曹雪芹说他经历过一番梦幻，我想许多大作家都是如此。

于是许多作家设法扩大自己的生活经验，像旅行，换职业，登山、潜水、从军，跟各种性格的人做朋友。这些作家处处显得有勇气，有好奇心，热爱人生，对生活态度积极。扩大经验还有一个方法：帮助别人。助人，有机会进入别人的生活，并打开别人的心门。一般而言，退缩、闭关自守，对同类冷漠，往往使作家脱离生活，经验枯竭，体验能力退化，终于不能创作。

有一位学者在读了《聊斋》以后提出一个问题：故事中的男女有许多悄悄话，许多两个人之间的隐秘，当事人绝不会告诉第三者，作者何以能够知道？提出这个问题的人显然不知道体验的功用，一切写小说的都可以回答这个问题："如果我是那故事中的人物，在那种情形下我会说出那些话来。"作家、读者、故事中人,都有一颗心,这颗心在基本上非常近似,所谓"人心都是肉长的","一人之心,千万人之心也",就是指这种"大同"。作者将心比心,可以觉得我是故事中人,读者将心比心,亦可以觉得故事中人是我。

那个扩大了自己经验的作者,借笔下的人物,扩大了读者的经验,那个扩大了同情心的作者,借笔下的人物,扩大了读者的同情心。文学作品能散播人道主义,促进人与人之间的谅解,其故在此。

正如记录、论断、描写相互为用,观察、想象、体验也有密切关联。想象而不含有观察,就会写出这样的情节:军舰乘风破浪,美丽的小姐在甲板上倚舷而立,手里拿着一件纪念品,不慎失手,纪念品掉进海里,旁边有位海军士官看见了,立刻跳水去替她捞上来。姑不论军舰上是否有女性乘员,一个人游泳的速度无论如何追不上军舰,而军舰又不能像出租车那样招呼一声就停下来。观察而不含有体验,大概要像那位美国作家写的游戏文章,一只蜘蛛怎样结成一张网,描述异常精确,连几何的角度和重力都用上,但是其中没有"人"。体验而不含有观察,大概要像外行人看杂耍,看见枪弹打穿了美女嘴里含着的气球惊心动魄,却不知那气球有自爆装置。"晓来谁染霜林醉",有观察(枫叶红了)也有想象(红得像醉脸)。"不是杨花,点点是离人泪。""点点"出于观察,"离人泪"出于想象。"老妻画纸为棋局",年长的人看透世事如棋,"稚子敲针作钓钩",年轻人犹有巧取的机心,两句从观察得来,也从体验得来。

作家由观察、想象、体验得来的材料,在写作时加以选择组合,称为"题材",题材和材料这两个名词的意义略有分别,所谓材料,指一般泛泛的所有的材料,所谓题材,是指在一部作品之内绕着重心而使用而安排的材料。这时,"题"和"材"也可以分开看,聚材成题,寓题于材,也是一而二,二而一。

散文

文学理论中有两个术语同音：题材和体裁。当年研究文学的前辈们一时疏忽，没有考虑到术语有时要诉诸听觉，以致我们今天谈话或演讲时必须频频声明是在使用这两个名词中的哪一个。不过这两个名词的制定极有分寸，题材是道出了意象与意义的关联，体裁是道出了内容与形式的关联，文学作品的形式恰当地表现了内容，就像（仅仅是好像）剪裁缝制一件合身的衣服把身材表现出来一样。依"体"而"裁"，"裁"必合"体"，这是当初"立名"的贤者给我们的启示。

决意写作的人既已从人生和自然得到题材，下一步就是把题材组织成某种样式。已被公认确定的样式有诗、散文、小说、剧本。也许他的题材只适合某一样式，如短篇小说；也许他的题材可以写成短篇小说也可以写成独幕剧本，由他斟酌选择其一。凡此种种都属于体裁范围以内的事。

诗、散文、小说、剧本，是那棵叫作文学的大树上的四枝，是文学大家族中的四房，并非像动物和矿物之间截然可分。诗和散文之间有散文诗，散文和小说之间有散文小说，小说和剧本之间有书斋剧，剧和诗之间又有诗剧。而且到底什么是诗、是散文、是小说，作家们彼此之间也常有争论。不过我们终须承认：一，诗、散文、小说、剧本，四者确有分别；二，为了便于观摩学习，必须夸张四者相异之点，寻求它们各自的特色。这以后，层楼更上，作家当然有不落窠臼的自由，兼采众体的自由，但是这以前，应该先熟悉"窠臼"和"众体"是什么，做"拾阶而升"的阶石。

先说散文。如果文学作品是说话，是说话的延长，散文就是谈天，是谈天的延长。散文的特色在一个"散"字。"散"的意思是：拘束少，刻意加工的成分少，没有非达到不可的目的。散文犹如散步，不必每分钟一定走多少步，不必沿一定的路线，不必预定一个终点。犹如谈天，事先并未预定要产生结论,也未曾设计起承转合,乘兴而谈,尽兴而止。当然,散文也要有结构,而且有些散文家特别考究结构,然而,写散文可以用心经营布局,也可以不必,这个"不必"是散文的特权,非小说、剧本所可效法。古人说写文章是"行云流水",是"无心插柳柳成荫",也只有散文当得起。还有,散文即使考究结构,它的结构比起小说、剧本来究竟简单,也必须简单,小说、剧本的种种吸引读者观众的手法,对散文多少不宜。

散文的另一特色是作者可以直接表现他自己,以非常主观的态度发言。请注意,散文"可以"如此,而非"必须"如此。但若写小说编剧本,则几乎"必须"间接表达。散文里的"我"多半是作者自身,小说里的"我"只是故事中的一个人物,这个人物充其量只是作者的代理人。大部分剧本中连作者的代理人也没有,作者对剧中的每一角色(不论正反忠奸)同样尽心体会,同样忠实,同样喜爱,也都同样不代表作者自己。因此,萧伯纳才说他和莎士比亚都是"没有灵魂的人"。散文则在这方面自由得多也坦率得多,朱自清的《背影》是直接写他自己的父亲,徐志摩的"康桥"是他自己眼中的康桥。散文中几乎"必须"由作者直接介入，有作者的气质、思想，并且真情流露。所谓"文如其人"，也只有在读散文时最容易印证。

散文的题材也最广。议论、写景、叙事、抒情，几乎一切材料都可入手。比较起来，散文兼容并包，排他性不强，小说、剧本选材就要严格得多。用桃核刻一艘船，船上有《赤壁赋》全部人物，还有"山高月小、水落石出"等对联，这材料如何写成小说？除非放大增添情节。这样的材料小说家不要，散文家要。男女同学挤在面店里吃午饭，又香又脆的烧饼噼啪响，芝麻从男生嘴边飞入女生的面碗里，在戏里演出来谁看得见？戏剧编导不要，散文家要。在小说里轻易不可议论，涉及议论，就有人说是用口号代替文学技巧；在戏剧里尤其不可议论，否则人家会说是化装的政治演讲；散文则可以任意议论，甚至可以从头到尾都是议论。

由于散文有上述各项特色，散文成为用途最广、与人们生活最密切的文体。可以说，"一天开门八件事，柴米油盐酱醋茶、散文"。一连多少天不看小说不看戏的人很多，一连多少天不看散文的人很少，他总会看信、看报。一生不写小说不写剧本的人很多，一生不写散文的人很少，他总要写信、记日记。散文家可以不写小说，小说家一定要写散文，小说中的记叙和描写都是散文。散文家可以不写剧本，编剧家一定要写散文，因为对话是散文，人物分析、场景介绍也是散文。

下面有些"闲话""戏言"可以帮助我们了解散文。一位作家说他在春季夏季写散文，秋季冬季写小说，因为人在春夏比较懒散，秋冬则容易集中精力。一位作家说他在壮年写小说、剧本，老年写散文，因为老年人心境恬淡，处理事情愿意顺乎自然，不愿意再多费心计。有一位作家说他用右手写诗，左手写散文，以散文创作为"余事"。他这句话无形中提醒我们，散文可能最适合"业余"文学创作。不过这些意见都并不表示散文的地位比其他体裁要低，也不表示写散文比较容易成家。文学四体是独立的，平行的，各有起点，各有极致，并非谁附属于谁，也无所谓谁浅谁深。

散文虽然包罗甚广，但是，若把"用文字表现意象"这个定义提出来，它的范围立即缩小。我们常见的议论文是不透过意象的，一般记叙文只有零星的意象，这样，抒情和写景的散文成为散文的核心成分。诉诸意象的散文不复是大众日常应用的散文，而是作家的专门技能。大众可能很欣赏这种技艺表演，于是改变身份为读者。也许有些作家对"削权"至感不快，但想到意象是作家的开业执照，也就释然而复欣然。身为作家，你必须经营一个意象的世界，你迟早要走上这一步。没有意象的散文可能仍然是很好的散文，但是你大概不愿意只会写这种散文，而且没有意象的小说恐怕是失败的小说，而没有意象的诗为一"不可想象"的诗。你既然要在意象的世界里安身立命，多半要把"用地"扩及散文，至少及于一部分散文，以诉诸意象的散文为住宅、为庭院，以不含意象的散文为别墅、为旅社。

散文的范围虽然随着我们的讨论而缩小，但它的特色依然，跟小说、剧本比，它仍然最自由、最自然，最宜于表现自我，能处理小说、戏剧无法接受的题材。当我在报纸写专栏时，我曾说，如果谁想写文章而又写不出来，无妨在稿纸上先写下一个"我"字，下文可能与之俱生，那时，我心目中所设想的就是散文。至今，我的意见没有多大改变，散文"有我"，写作时可以强烈地意识到"我"，而不必存心迁就读者。我今早上学时太匆忙，拿着妹妹的车票去赶车，几乎不能过关，心里惦记着妹妹，不知道她的运气如何，她一定拿着我的车票。这是散文。"我"今天经过巷口，抬头一看，奇怪，这棵老柳到了秋天反而比春天好看。这是散文。"到底是为了什么，寂寞环绕着我。"这也可以成为散文。当然，这一切最好通过意象来表现。

散文是如此"有我"，以至，如果你不喜欢谁的散文，你就不会喜欢那作者本人。作者如果有什么缺点，像伪善、心胸狭窄、傲慢与偏见之类，都会在这样的散文里流露出来。散文的作者既然没有捏造一个人物出来替他受过，则后果只有自己承担。历来讨论写作的人都劝我们要学作文先学做人，要在人格修养和人生境界以及知识见解各方面有水平，站得住，因为读者要从作品里看见这些。我想，这一忠告对写散文的人特别重要。这就是为什么散文"易学难工"，多少人第一次作文由散文开笔，而他们最好的散文却要"晚成"。

一篇散文怎么组合它的意象？散文的形式问题最易解决，它自由；但也最难说明，它不定型，有人说世上有多少好文章（请注意"好"字），就有多少种组合方式，无从归纳，这句话有道理，但是并不是说我们不必注意别人留下的成就，更不是说一切无妨自我做主，随便怎样组合都是好的。首先，一篇散文采取什么样的结构要看它是什么样的内容。散文的内容有"有事件的"和"没有事件的"之分。有人说散文和小说的分别是，散文没有故事，而小说有。散文虽然多半没有故事，却可能有"事件"，事件和故事的分别大约是事件是故事的片段或雏形，不完整，或过于简化，老残游湖并未发生任何事件，倘若他被船夫大敲竹杠，这就有了事件。如果湖心翻船，几乎淹死，而翻船又出于"敌人"的阴谋，买通船夫制造"意外"，这就是故事，这样的题材已非普通游记所能容纳（除非是《西游记》那样的游记）。有事件的散文和没有事件的散文，内容不同，结构也不同。老残游湖偏重描写风景，作者所要处理的是空间，意象组合采取罗列式，宛然如画。苏雪林的《未完成的画》也写景，写晚霞的美，但晚霞马上就要消失，她本想把晚霞画下来，但是她为晚霞的美所吸引，看呆了，直到晚霞消失也没有落笔，这就有事件在内。作者在事件中写景要处理时间，随着晚霞的变化，意象以"后浪推前浪"的方式涌现。

　　除了意象在空间内罗列和在时间中涌现以外，作家还常常把"同调"的意象配置在一起，使之协同一致，相得益彰。"人面桃花相映红"，少女的脸和桃花都很娇艳，两者调子相同。是"枯藤老树昏鸦",不是枯藤老树凤凰;是"小桥流水人家",不是小桥流水摩天大厦;是"古道西风瘦马",不是古道西风香车;是"夕阳西下",不是"旭日东升"。这一切安排都是为了有一个适当的舞台供天涯断肠人出现,而不是欢迎新科状元衣锦还乡。我们走进装饰考究的餐馆常常可以发觉室内有一个主要的色调,例如窗帘是宝蓝色,餐巾是宝蓝色,透明烟灰缸的底部有宝蓝色的商标等。同样的设计可以用在意象的组合上。

另一种设计恰恰相反,把效果迥异的意象配置在一起以产生对比,"马后桃花马前雪""白山黑水""死去活来""朱门酒肉臭,路有冻死骨"等等都是,"大漠孤烟直"是直线,必须配上"长河落日圆"的曲线,两者才更见凸出。我曾描写一个场景:满屋色彩鲜艳的花,于是女主角在这间房子里穿什么颜色的衣服,使我煞费踌躇。我知道她的衣服上不能再有花朵或花纹,除非想弄得眼花缭乱。我决定让她穿一身月白,外加一条黑沉沉的长辫子。我读过一篇记述车祸的散文,作者写出街头车辆甚多,声音喧闹,使人的耳朵不能负荷。然后突然静下来,什么声音都没有了,静得使人战栗,十字路口堆着一摊血肉。这篇散文给我的印象十分深刻。

散文终是散文,无意像小说那样巧夺天工,也无意像戏剧那样颠倒众生。散文好比"我是天空里的一片云,偶尔投影在你的波心"。这片云的形状是自然生成,但有些巧云是出于织女的设计。巧云虽巧,到底仍是一片浑然舒卷自如。

小说

如果散文是谈天的延长,小说就是说故事的延长。这话可能引起误会,有些小说作家很反对人家从他的小说里找故事;批评一篇没有价值的小说,最常用的一句话就是"那篇小说只是说故事而已"。我们应该了解这些观点,小说里面有故事,不完全等于故事;说故事之于小说,"而已"当然不够,"延长"则又不同。

为什么以"说故事"作小说的特征呢?这是因为,作家用小说来表达心思意念时,通常不肯直说,他转弯抹角、旁敲侧击去说一件事,起初,两者似乎无关,但最后可以看出作者的本意。"直说"在小说中为例外——甚或为下品。准此而论,小说就是"不说",虽然不说,却又多半等于已说。

有人曾提出抗议：读小说难道是猜谜吗？可不是，有些小说的确像是谜语，它有一个"谜面"，即是作者说出来的部分，它又有一个谜底，即是作者没有说出来的部分。而这个谜面，多半是以故事的样子呈现。

试举一个例子，有一篇散文谈到母爱，指出母爱是伟大的，是不可磨灭的，"女子是弱者，但是母亲都是强者"。它明白说出来，说得十分恳切动人，是一篇很好的散文。但是一篇很好的小说不能这么做，它需要故事，故事可以表达同样的思想感情而字面上不着痕迹。有一个古老的故事描述一个叫杜子春的人发愿求仙，坚决要求一位道人指引。那道人告诉他：如果他能坐在地上忍受任何痛苦而不发出声音，最后可以成为神仙。杜子春欣然接受考验，他历经猛虎、毒蛇、水淹、火烧，至死保持沉默。在地狱里，他拒绝回答阎王的问题而受重罚，刀山油锅的滋味尝过。他转世投胎，成为女子，因不哭不闹不说不笑而成为哑巴。她受过刀伤、烫伤、被狗咬伤，她被父母歧视、被兄弟姊妹欺负、被丈夫虐待，这一切她都忍住，吞回肚里。直到有一天生了孩子，有一天那个残暴的丈夫把襁褓中的婴儿掷出窗外，她立时忘了立志成仙的宏愿，再也不能控制自己,结果一声狂叫,前功尽弃。杜子春仍然是一个"人",与神仙无缘——从这个故事我们想到人有人性,而人性中最不能磨灭的就是母爱,如果连这一点也没有了,那就根本不能算是一个人。可是这一层意思不必明说出来。

其实不只小说,诗、剧、一部分散文也都追求这种双重效果,例如写山水的诗里面就不能只有风景。文学作品大都给我们两度的满足,首先是文字直接表达出来的东西,使读者欢喜感动,但是紧接着的是读者陷入沉思,他想到许多东西,他所想到的比他所看到的更多。前者为感性的满足,后者为理性的满足。前者为具体的感受,后者为抽象的思考。一篇小说如果不能引起理性的满足,那就"只是一个故事而已",但是,理性的满足由感性的满足所引发,小说以故事发挥其感性的力量,"说故事"使小说可以跟诗或散文表达同样的主题而又和诗或散文分途。"只有故事而已"是一篇价值很低的小说,完全没有故事可能不成其为小说。使乔治·桑的《魔沼》成为小说的,不是小说开始时那一大篇议论,而是一个男人带着一个"搭便车"的女孩在森林里迷了路。

为什么文学作品可以给读者两度满足?这因为文学作

品是作家利用语文的特性作成的一种特别的东西。语言既不是一种精确的工具，足以处处引起我们的联想，而作家又挑选有代表性的题材，使作品中的一人代表千万人，一事代表千万事。林冲上梁山是一特殊事件，金圣叹批《水浒》说天下英雄对此当同声一哭，则指出特殊事件中有普遍性。杜子春修道失败是一特殊事件，但天下父母为子女而放弃自己的理想却是普遍的现象，读者读了作家描述的特殊事件，受到感动，不能不想；既联系到许多同类的事件，不能不归纳，既归纳出一个普遍的道理来，就要用它去解释去批判人生。作家所追求的成就，是以最具体的事件给读者感性上最大的满足，再引起读者理性的活动，作高度抽象的思考。

在方法上，说故事和谈天当然有差异。谈天是和"谈得来"的人交谈，无须费许多心机去吸引对方。至于说故事，面对的听众则比较复杂，听众的注意力比较难以集中，说故事的人要针对人性的好恶来安排情节，始终抓住听众的兴味。如果故事很长，则这种循循善诱、引人入胜的功夫尤其重要，作者的惨淡经营岂是等闲容易？以《红楼梦》为例，研究"红学"的人指出前八十回的人物和情节到了后四十回有许多地方不能衔接连贯，认真续写后四十回的人没有按照原始蓝图施工，损害了这部作品的完美，可见种种人工布置在小说里面的确有，而且很必要。因此，我们说，小说比散文更需要结构，它的结构也很复杂。

为了使听故事的人聚精会神，故事要有一个重心，故事由开始到结束都围绕着重心发展。谈天的人谈到后来可以完全忘记起初谈些什么，七点半所谈的内容可以与九点半所谈的内容完全不相干，说故事则不可。一位贵妇人出席酒会，在宾客酬酢间大出风头，她忽然发觉挂在胸前的宝石不见了，那颗宝石价值连城，众宾愕然，主人焦急，于是宝石的下落成为故事的重心。大家怎样找寻宝石，那偷到宝石的人怎么隐匿赃物，情节围绕着重心发展。这是故事骨架，至于作者怎样描写这个故事，选择哪些意象来使用，要看作者的抱负，看他在故事之外还要给我们什么东西。或者贵妇人知道宝石无法找回来，就想忘记这件心爱之物，而心理上的割舍又多么不容易！作者一方面写主人和警察合作寻找宝石，一方面失主则认为还珠无望而学习遗忘，两条线并行而又时常交叉，而重心在两者交会处，这小说的故事情节就复杂了。

故事的重心形成主角。小说表现人生，故事就是人的欲望、行为、人与人之间的瓜葛。故事既有重心，情节自然会集中在少数人身上。有时候，这"少数"只是"一个"。读者会因此熟悉他、关心他，愿意知道后事到底如何。通常人在说话行事之际显出性格来，小说如果把情节集中在一个人身上，无可避免地要描写那人的性格。遗失宝石的贵妇究竟逼着主人立即报警，还是悄然回家去学习遗忘，要看她的性格。如果她悄然回家，她用什么方式来排遣？喝酒还是再买一颗宝石？也要看她的性格。于是，随着情节的发展，人物性格完全凸出。正因为她有性格，我们觉得她是个有血有肉的真人，不是假人。正因为她有凸出的性格，我们想起我们认识的某人某人也有这种性格，我们用她来代表世上那些性格与她相同的人，她就成了"典型"。林黛玉是体质纤弱、多愁善感的才女典型，武松是心地忠诚、勇于行动的好汉典型。典型人物要做世上活人的代表，因此他们永远被后人引用，被后人想念，这就是小说人物的不朽。小说不"仅仅是一个故事而已"，它有性格分明的人物，甚至有不朽的人物。

有时候，小说作家先有人物从生活中观察得来，这个人物的性格吸引了他，他根据这个人物的性格，用想象和体验去发展故事。什么样的性格有什么样的行为，"一文如命"和"挥金如土"一定出自两种不同的性格。如果一个小说作家有机会观察一个懦弱又阴险的人做过一些什么，就能推知这人可能还要做些什么。他把这些人写进小说，替这人设想一些"可做""该做"的事，把这些事恰当地组织起来，就是故事。莫泊桑的《项链》是一篇名作，但是有人问过，《项链》的女主角似乎是个爱慕虚荣的女人，何以能做十年苦工去偿还项链？当然，小说也可以写人物性格的改变，不过这应该是中篇长篇的事。在长篇小说里面，人物的改变也多半是改变了对人生的认识，以至前后行为判若两人，他的性格是否真的改变了？很难说。"山难改，性难移"是中国一句老话，描写人物性格的改变是小说作家的非常之举。

人物有了动机、有了行为，还得有阻碍，还得人物不怕阻碍，一再努力克服阻碍。人物在面对阻碍冲向前去的时候最能显露个性，最能引起读者关心。阻碍使故事曲折。两个人在黑夜穿了黑衣往黑森林去打一只黑鸟，如果一枪命中，就没有曲折，打来打去打不着，反而打伤了自己人，就是曲折。渔翁出海，一下子满载而归，没有曲折，必也一连八十几天空劳往返，最后才钓到一条大鱼，大得几乎无法制伏，好容易把鱼弄死了，又无法把那么大的鱼拖回来，这是曲折。夫妻俩逛百货公司，看见一件女人穿的皮大衣，如果太太不想买，或者想买而立刻银货两讫，可能没有那篇小说，必也太太要买，丈夫买不起，回家发愤存钱，有一天钱存够了，跑到百货公司一看，大衣的标价又提高了三成，还是买不起，这才有小说。

阻碍可能来自环境，可能来自另一个人，也可能来自自己的内心。阻碍挡在前面，受阻的一方不肯罢休，于是产生冲突，冲突越来越大，到达顶点，出现高潮。高潮是故事对读者吸引力最大的地方，长篇小说往往一波未平、一波又起，因高潮迭现而使读者不得不读完全书。故事，尤其是长篇故事，如果没有高潮，常令读者觉得沉闷或平淡。"文似看山不喜平"，这句话对写小说的人颇有帮助。小说作家常须预先设计高潮放在什么地方，怎样发生，又怎样解决。多数人相信短篇小说的高潮应在小说四分之三的地方，长篇小说的高潮应分布全书各处。高潮亦如海浪，可高不可久，发生之后应立刻解决，久悬不决的高潮即失去力量，复归沉闷。但高潮的解决（也就是冲突的解决）并非等高潮出现之后另想办法，而是办法在冲突发生后即在其中酝酿，到冲突最激烈的时候办法也恰恰酝酿成熟，于是急转直下，这是故事技巧最难的地方，也是小说与戏剧在技巧上相通的地方。

小说虽有许多地方近似戏剧，毕竟彻头彻尾用散文写成，因此时时流露散文的本色。它就像打高尔夫球，当你挥杆飞起一球，这是和对手争高下，是"冲突"，当球落在对手的球前面几寸，但不幸又滚回来一尺，这是高潮。此外你有许多时间闲闲而行，犹如散步，不必像在篮球场上那样无暇喘息。小说中有各种描写，心理描写、人物描写、风景描写、环境描写、动作描写、物体描写，这些描写常被编文选的人摘出来当作散文的模范。这些描写固然可以说是为了推动情节、制造气氛以掀起高潮，但是小说作家对这个目标未必十分认真，有时，他似乎只是乐意行使散文家的某项权力。这些散文式的描写把人生的细部放大了，开了我们的眼界，也使小说，尤其是长篇小说自然、亲切，接近真实的人生，不像戏剧那样盛气凌人，削足适履。

说故事的人要给故事一个结尾。通常，小说的结尾是最后一个高潮的解决，是全部问题的最后答案，再没有"且听下回分解"。这是关闭式的解决。有些长篇小说的作者要在收笔前检查每一个人、每一件事，务必使它们都有着落，该死的死，该嫁的嫁，该报恩的报恩，冤仇该化解的化解。有些故事的结尾不同，它最后留下问题在冲突中奇峰突起又戛然而止。像《虎魄》那样，一旦听说心爱的人在船上就立刻奔过去，故事的一切线头全抛弃了，骎骎乎有另起炉灶之势。有一篇小说描写一个老拳师隐居避仇，但有一天仇人终于找上门来。老拳师在家做各种准备，心情十分紧张，最后仇人敲门，小说即在敲门声中结束。有人说，这敲门不应该是一篇小说的结尾而应该是一篇小说的起头。但小说原可这样收煞，这叫开放式的结尾。

小说又有圆满的结局和不圆满的结局。忠良得救，有情人成眷属，正义之师凯旋，都是人们乐闻愿见的事，读者觉得一切受损害的好人得到了补偿，皆大欢喜。人们喜欢圆满的结局，周处的故事大半到除三害为止，后来周处统军作战，忠勇报国，奸臣设下圈套要他死，他战死了，说故事的人不大提这一段。邓伯道带着妻小逃难，也带着哥哥的一个孩子，路上困难太多，必须把两个孩子丢下一个,他照顾哥哥的孩子,不管自己的孩子。战乱过去了,邓伯道没有孩子想孩子,邓太太又久久不生孩子,他就买了一个女子来做姨太太,谁知木已成舟之后发现这个女子跟他的血统很近,简直乱伦,这对极其重视伦理观念的邓公是一个残忍的打击。他因此不与姨太太同房,也不再另找一个姨太太,因此始终没有儿子,绝了后代。当时的人说:"天道无知,使伯道无儿。"平剧用这个故事作题材,把后来的情节改了,让牺牲自己儿子的人有个好报。

也有人认为不圆满的结局可以加强艺术效果。宝玉出家,张生惊梦,渔人再也找不到桃花源,都是不圆满的结局,有无穷的回味。好人有厄运,恶人有好运,逼得看小说的人去想:为什么会这样?那个卖火柴的女孩在墙角里冻死了,我们才忘不了她,也忘不了那些庆祝耶稣诞生的人如何缺少基督的爱心。郭子仪一生建功立业,晚年富贵寿考,七子八婿都做高官,这个人的艺术形象总不如"出师未捷身先死"的诸葛亮高大。我用《美女与野兽》的故事做过一次测验。那个故事说,国王反对一门亲事,但是他愿意给那个年轻人一个机会,他把公主关在斗兽场的一间小屋里,把一只猛虎关在另一间小屋里,命令那个正在恋爱的年轻人走进斗兽场去碰运气,如果他打开门,里面出来的是美女,他就结婚,如果他打开门,里面走出来的是野兽,他就送命。七十个"大二"学生里面有五十四个人主张从门里蹿出猛虎来,心肠软些的,希望那年轻人杀死老虎再结婚,心肠硬些的则认为无妨让老虎吃掉年轻人,悲剧收场。

有人说圆满的结局是麻醉剂,不圆满的结局是兴奋剂,圆满的结局安慰我们,教我们对世界的缺陷不必太敏感,不圆满的结局则相反。可见采用哪种结局,关乎作者的人生观与世界观,结局不同,作者的企图不同,整篇小说的写法不同。结尾是整个有机体的一部分,不能临时换装。有时候,写小说的人先有了故事的结尾,也就是最后的高潮,倘若这一部分得心应手,全局相当乐观,良好的结尾是成功的一半。我写《那些雀鸟》就是先想到结尾:"我"救过一只麻雀,后来这只麻雀成了江湖卖卜人谋生的工具,和"我"重逢。"我"为了纪念重逢的喜悦出钱占卦。那麻雀衔了一支最凶的签出来,依这一行的行规,谁得到了这样的恶兆,卖卜人向不收费。我先有了最后的情节,再向上倒推,写成《那些雀鸟》。有人读了这篇东西说我描写一只鸟忘恩负义,"我"救了它,它却给"我"一个坏运。也有人问:"你的用意是不是说这只鸟知道报答,故意衔出一支坏签来好让救命人省下占卦的钱?"也许还有别的意见吧,这就是见仁见智了!

剧本

如果小说是说故事的延长，戏剧就是吵架的延长。两者的表达方式显然有别。"昨天晚上，老张和老李下棋，下着下着吵了起来。老张说：'大丈夫下棋要举手不悔。'老李一口唾沫吐在地上：'连一只车都不能让，还算朋友？'"这是说故事，事情已经过去了，作者知道是怎么回事，读者不知道，由作者说给读者听。由于说故事的人技巧高明，听故事的人听得入迷，有时恍如置身其中。戏剧不然，戏剧的安排是，老张老李吵架时你我在场旁观，中间不需要有人转述。现代受过教育的人不轻易吵架（他们暗斗），但是当年在乡下，有人吵架是大节目，看人吵架是赏心乐事，有时观众把吵架的人（连同劝解的人）密密层层围在街心，和看戏差不多；吵架的人在众人注视之下士气旺盛，荣誉感高涨，拼命不使大家失望，和演戏也很近似。有人贪看吵架，忘了自己刚才正在做饭，结果厨房里着了火，这种人就是戏迷了。

拿吵架比戏剧，是就话剧而言。话剧说话多，依赖语言的地方多，剧本可以单独供人阅读，一向列为文学形式之一。我们从语言的角度了解文学，从文学的角度了解戏剧，自然以话剧剧本为对象。戏剧是综合的艺术，冶文学、美术、音乐、舞蹈于一炉，而剧种甚多，各有偏重，歌剧偏重音乐，电影偏重美术，而话剧偏重文学。话剧剧本中具有文学创作的各种技巧。电影"把思想情感转化为意象"做得最彻底，可是，它的意象通常不用语言来表现，它用画面来表现。那用书面语言写出来的电影剧本是个空架子。写散文写小说的人看电影，多半要把电影当作人生的原材料来看，把那些用画面呈现的意象在自己脑子里"翻译"成语言。

有人给戏剧下定义，说戏剧是"演员当着观众在舞台上表演一段精彩的人生"。我很喜欢这个定义，它经得起逐字（词）分析。让我们从最后一个词看起："人生"，戏剧的内容，所用的材料来自人生。戏剧所表演的是人怎样活着，人为什么活着，人活下去变得怎样了。它演出人的快乐，人的悲哀，人的挫折，人的奋斗。戏剧取材人生和小说近似，但是比小说更严格入世。戏剧既然表演人生，则人生大约也像是戏剧。"世事如戏"原是中国的一句老话。从前，中国的戏台两旁照例挂一副长联，大意说尧舜禹汤都是演员，日月是灯光，风雷是音响效果。一般而言，戏剧家从人生中找出戏来，观众则从戏里看出人生来。观众岂真是傻子？他们爱看戏，是因为戏里确有东西值得看。最能使人发生兴趣的东西还是人，别人。人人愿意观察他的同类，看别人怎样活着。如果不是人性有这样强烈的要求，戏剧这个行业也许早已淘汰。

唯有"精彩"的人生才配得上戏剧家的表演。我们并不缺少观察同类的机会，但日常所看见的大都平淡枯燥，难以引起兴味，也不容易发现深长的意义。有人和美国参议员肯尼迪比邻而居，自诩每天可以看见肯尼迪，旁人浇他一瓢冷水，说他没看见肯尼迪怎么和女秘书一块儿掉进河里。可不是！我们常常看见军官，但是没机会看他出生入死屡创再战；我们常常看见新郎，但是没机会看他灯前月下海誓山盟；我们参加了某人的葬礼，但是没看见他由三十三楼一跃而下。戏剧来补救这个缺陷，它把人生中最精彩的、最足以使人全神贯注的事情选出来，加以整理组织，表演给我们看；把人生加以剪裁捏制，使它符合戏剧的要求，把隐藏在里面的戏剧性放射出来，表演给我们看。

什么是"精彩"？也就是说，人生的戏剧性藏在哪里？有人认为戏剧性在冲突，"没有冲突就没有戏剧"；有人认为戏剧性在危机，"没有危机就没有戏剧"；有人认为戏剧性在对照，"没有对照就没有戏剧"，这三句话都成立，彼此可以互相补充。而且冲突、对照、危机，往往三位一体。例如吵架，当然是冲突，一个巴掌拍不响；但又何尝不是危机？吵着吵着拔出刀子来怎么办？吵着吵着有心脏病的那个气死了怎么办？两人吵架，自然形成对照，吵架时两方都使出浑身解数，粗鲁的更粗鲁，阴狠的更阴狠，刻薄的更刻薄，厚道一些的也完全暴露了他的厚道。秦桧害岳飞是岳飞的危机、南宋的危机，也是善恶冲突，忠奸对照。"将军阵前半死生，美人帐下犹歌舞"，两者互相对照，但冲突亦在其中，因为这两种状况不调和，会产生冲突。"这样怎能打败敌人？"危机感随之出现。

如果把三者分开，冲突最重要，冲突推动事件使戏剧情节向前发展。通常，编剧家要使剧中人针尖麦芒互不相让，罗密欧非爱朱丽叶不可，而朱丽叶的父母又非反对不可。白蛇非爱许仙不可，法海却非来干涉不可。在我们常见的人生里面，甲向乙借钱，乙不肯借，甲怏怏而返，也就算了。在戏剧里，甲向乙借钱，乙一定不借，甲受挫之后又一定不肯罢休。或者甲向乙借钱，乙拒绝，可是甲想了一个办法使乙不得不借，并且决心赖债不还，乙又想了一个办法使甲非还不可，双方斗来斗去。如果债务人耍赖，债权人一笑置之，冲突就停止了，剧情也停顿了。必须不断地冲突，必须一波未平一波又起。八岁的女孩过生日，八十岁的爷爷切蛋糕，好文章，但未必是好戏。八十岁的爷爷一刀切下去忽然打了个喷嚏，许多唾沫星子落在蛋糕上，全家人都不愿意吃蛋糕可是又不敢不吃，偏有一个人做出头的椽子说，目前感冒正在流行，这块喷满了口水的蛋糕吃不得，偏偏爷爷的脾气不好一听之下勃然大怒，这至少是戏了。

在戏剧里，这精彩的人生是人生中的"一段"，它有一个结构式。起初，冲突出现，不久，这个冲突解决了，但是所谓解决并不是真正的彻底的解决，只是表面的缓和，冲突的种子仍在，而且长得更大，于是有第二次的冲突。这次冲突也只有表面的缓和而潜伏着再冲突的因素，于是有第三次冲突。照样，又有第四次冲突，第五次冲突，独幕剧演出时间短，冲突的次数少，多幕剧演出时间长，冲突的次数多。随着剧情的发展，冲突一次比一次激烈，危机一次比一次严重，对照一次比一次明显。终于，全剧有一个顶点，有一个最高潮。在编剧家的匠心运作之下，最高潮一旦出现，彻底解决问题的时机也成熟了，于是，最高潮之后的解决是所有矛盾纠葛的总了断，再也没有下一次的冲突。这是说，全剧可以结束了。当年定下"高潮""最高潮"等名词的人一定观察过海浪，有时候后浪推前浪，小浪变大浪，终于掀起一个壁立的浪头来，这个巨浪汇集了前面那些小浪中浪大浪的精力，那么美，那么吓人，它在空中站了一会儿，扑下去，留下一片回澜。然后，再没有浪了，除非再从小浪开始，来一次新的组合。戏剧的结构恰是如此。

　　观摩写作的人要打开别人的剧本，削好铅笔，一面读，一面在练习簿上做图解。在这里，我们只能把戏剧简化，缩小，做一番示意。在赌场里，赌客和庄家的利害是冲突的，每下一次注就冲突一次。有一个赌客把手中的钞票放下去，被庄家吃掉，这是第一次冲突和表面的解决。赌客不甘心，他要下更大的注，他把外套口袋里的钞票全部掏出来。这一次冲突比上一次激烈。可是他又输了。他再从内衣的口袋里掏出一沓大钞，用力丢在桌面上。他要把历次输掉的钱加上一倍赢回来。这次冲突更大，他输得更惨。他没有钱了，他还有一把手枪。他不肯离开赌台，就掏出手枪来押上。这时，情节朝顶点发展。庄家不是等闲之辈，看见手枪不动声色，赌局照样进行。结果还是庄家赢，赌客又输。赌客伸手抓起手枪，这抓起枪来的刹那是高潮的最高处。他要干什么？全场屏息以待。此时问题最严重，最难解决。时间在此处不宜久留，要急转直下，赌客想了一下，开了枪，朝着自己的左胸。赌局停止，全场鸦雀无声，庄家面无表情。枪声虽然沉重，到底简单，问题立即解决了，而且解决得如此彻底。几秒钟后，两个侍者拖走了自杀身死的赌客，一个新赌客补上空出来的位子，赌局继续。这是最高潮后的回澜。

你会发现，戏剧情节结构的蓝图和小说十分近似。两者都布置冲突、高潮和解决。可以说，小说是用散文写成的戏剧，但戏剧规划得十分仔细，计算得十分精密，予人以"机关算尽"之感。从第一个高潮到第二个高潮最久不能超过多少时间，最短不能少于多少时间，都有讲究，时间太久，观众不耐，时间太短，观众来不及产生反应。这需要计算。如果是喜剧，在每一个"冲突、高潮、解决"三角形上分布多少笑料，观众大笑几次，微笑几次，高级幽默放在哪里，通俗滑稽放在哪里，使各种水平的观众都得到满足，也需要计算。综观全剧，冲突一次比一次强，高潮一次比一次高，直到最高的顶点，有时简直像几何图形一样分明不爽。通常小说无须如此。单就情节结构而论，戏剧的技巧最难，写小说的人如果想改进作品的故事结构，无妨多读剧本、多看电影。

以上是"一段精彩的人生"。小说所描述的也多半是一段精彩的人生，所不同者，戏剧是由演员表演出来。我们在前面用吵架比戏剧，戏剧不是"听说老张老李曾经吵架"，而是在现场看见听见老张和老李正在争吵。这场"吵架"既然是经过匠心设计，精彩异常，不是我们可以在实际生活中偶然遭逢的，那就要由两个受过训练的人来吵，一个算是老张，一个算是老李。在这种情形下，剧本并不是写给你我看的，它是为演员准备的，演员看剧本，观众看演员。话剧剧本供我们阅读乃是它次要的功用，电影剧本则根本丧失这个功用，没有可读性。于是出现了一种局面，我们和文学作品之间有第三者横亘其间，我们和作家之间的媒介不再是文字而换成了人——演员。编导使用演员，再由演员去使用语文，加上操作表情，一同到达观众心里。剧本是为表演而写，因此另有独特的格式。

剧本既为表演而写，编剧要受很多限制，他要考虑：一、演员是否演得出来？神仙武侠的奇才异能可以写入小说，不便写入舞台剧，原因在此（电影另当别论）。二、即使能演出来，剧场效果如何？几个人在舞台上围着赌博，观众远在台下，无法有参与感，效果一定不好。三、要花多少钱？戏剧演出是要讲成本预算的，不像小说，半瓶墨水一沓稿纸就为所欲为。比起小说来，编剧也有省事的地方，不必叙述前后经过，不必描写环境，人物的服装、体型、长相、动作都另外有人去动脑筋，编剧只须从对话中去刻画人物性格，制造冲突，展现危机，推动剧情。于是编剧的全副精神放在对话上。好剧本的对话实在写得好。

俗语说见面三分情，观众既然看到的是演员，不是编导，则大部分观众只对演员熟悉。在观众心目中，使他们流泪的，是演员，给他们欢笑的，是演员，使他们大彻大悟的也是演员。有些观众逐渐对演员产生了感激或崇拜的心情。前面说过，人喜欢看人，人关心别人。人不会对一块抽象的招牌产生热狂，因此，一个剧团，一家电影公司，就尽量展示他们的演员，用心提高演员的声望，以演员的影响力来代表剧团或公司的成就。在这种情形下，编剧往往要为了发挥某些演员的能力而写戏，本来是拿着剧本选演员，而今是对着演员写剧本。留心影剧消息的人会听到：某一个剧本是专为某一个明星而写。电视连续剧演到中途，发现某一个重要的角色并不受观众欢迎，于是改戏，使他变得不重要，使他失踪，横死，不再出现。有时情形相反，某个不重要的角色很受观众欢迎，于是改戏，使他的戏愈来愈多，由一个诗人看，编剧家的文学地位实在有些特殊。

我们爱看人生。可惜平时所见多欠精彩，即使精彩又未必方便，所以才来看戏。为了便于观看，这一段精彩的人生要在舞台上——也就是一个狭小而固定的空间里——表演。电影打破了舞台限制，但仍然要接受另一种狭小的空间，即银幕。就善于接受空间限制而论，舞台剧的成就最为突出。在那么大的一块地方上，观众清清楚楚看见了一生浮沉，几代恩怨，多重内幕，看后完全相信，衷心感动，这件事很不简单。怎么会有那么多精彩的事件，在那么短的时间里，凑巧发生在那么小的一块地方？这些事件的背后又怎么凑巧含有很大的意义？你得佩服编剧家，他把人生集中，横断，压缩，加以编织。剧本是"编"成的，许多线头交互穿插，正好装满那空间，既不显得拥挤，也没有浪费空白。舞台那么小，你却能从舞台上看出世界那么大。人类的心灵那么阔那么深。

回顾前文，可知编剧家所受限制之多，为一般散文作家难以想象。这些限制由于满足观众而生，例如，为了集中观众注意力，剧情需要高潮；为了观众的注意力不能在某一点上胶着过久，需要一个高潮连接一个高潮；观众看戏的时间愈久，支付精力愈多，愈需要更大的刺激，使观众的注意力不致涣散，所以要高潮愈来愈高，冲突一次比一次激烈。演员要当着观众表演人生，意味着观众也是戏剧的一个要素，没有观众，不能表演，即使表演，也只能算是排练，戏剧仍在创作之中，而作品尚未完成。观众既是不可或缺的要素，一出戏在构想之中不但要想好谁来演，也要想好谁来看，怎样使他们爱看。诗人和散文作家何尝考虑这些？至少，他们无人公然宣称创作时要处处讨读者喜欢，他们可能以"迎合大众"为耻。这种想法与戏剧家异趣，大部分的诗人相信，如果大众不读他的诗，那是因为他的诗写得太好，但大部分编导相信，如果大家不来看他的戏，那是因为他的戏失败了。

许多人说过好莱坞的出品太商业化了，我们可以从这些"太商业化"的影片里去看观众的分量。观众有好奇心，因此影片有曲折的情节；观众有同情心，因此片中有受苦的弱者；观众有时幸灾乐祸，因此片中有残忍暴行；观众有时党同伐异，因此片中有群众对抗；观众好声色之娱，因此片中有华丽歌舞。在战争片里，将军多半庸愚，军曹多半忠勇，为什么？因为在观众席上做过将军的人毕竟是少数。以医院为背景的片子里往往批评医生，为什么？因为观众席上究竟做医生的人少，做过病人者居多。美国社会崇拜金钱，可是美国电影往往鄙薄富翁，美化穷人，因为制片人想过，一国之中有几个富翁？他们能买几张票？

这是不是迎合观众？这样岂不是要产生没有价值的东

西?答案是也许,未必尽然。戏剧在表现手法上力求适应观众,表现手法是中性的,它本身不发生道德问题。戏剧在题材上力求观众乐于接受,任何题材都可能做成有价值的作品,看由谁来做,怎么做法。得人,卑无高论的题材可以拍出高水平的影片;失人,陈义甚高的题材也可能拍出低水平的影片。文艺作品都是向人性取材去打动人性,戏剧尤然,人性的要求复杂,戏剧题材乃斑驳不纯,但题材毕竟是"表"。我知道,有人可以举出许多例子来说明戏剧为了票房收入产生多少害处,我们可以把他的话打个折扣。世上毕竟还有那么多好的戏使人净化,引人向上,当然,这种戏的数量可能比那些引人争议的戏要少。我们得承认,戏剧有它的性格,它的性格就是如此,不许孤芳自赏,不许寂寞千秋,不能藏诸名山。除非我们完全不要戏剧,否则,只好承认它,并且努力做它的主人。

诗

如果散文是谈天,诗就是唱歌。唱歌是使用语言的一种方式,这种方式很特殊,音乐加进来强化语言,有时也代替语言。语言在经过省略和强化以后,与音乐融合为一,如精兵猛将,当十当千。诗差不多就是这么一种东西。

作为文学作品的诗当然是没有曲谱的,它的音乐性藏在语言本身里,诗人的专长是把语言的音乐性加以发扬利用,使文字效果和音乐效果相加或相乘。作诗叫"吟诗",诗的定义有一条是"文之成音者也"。都指出了诗这种体裁的特性。语言,在未有文字之先,固然是用听觉来接受的,即使有了文字以后,听的机会也比看的机会多,何况还有不识字的人。经过那么长的时间,由那么多的人使用,在使用中不断调整修改，它已经针对人们的耳朵发展出规律来。诗人掌握了这套规律，讲求作品的节奏和音韵。散文可以不故意讲求这些，诗则必须讲求；散文作家如注重语文的音乐性也是浅尝即止，诗人对诗的音乐性则要求达到一定的标准。

什么是语言的节奏？语言，当它是声音的时候，那声音里有长短、高低、轻重、快慢和停顿。以"快慢"一项来说，如果每分钟吐出一百八十个字，并不是非常平均的每秒三个字，而是可能前一秒吐出四个字，后一秒吐出两个字，这就形成了快慢。从语言的形式上分析，如果一句话里有十个字，这十个字必定被声音分成几个小节，某几个字的声音结成一组，和别的字稍稍保持一点距离。每一小节的字数并不相等，这就形成了"长短"。《儒林外史》有云：

"从——浦口——山上——发脉——，一个墩——，一个炮——，一个墩——，一个炮——，一个墩——，一个炮……骨骨碌碌——几十个炮——赶了来——，结成——一个——穴情——，这个穴情——叫——荷花出水。"

共有十八个小节，各节最少一个字，最多四个字，这是长短。其中"一个墩……"重复了三次,第一次出现时应该慢读,以后两次重复应该快读,既是重复,快了也能听得明白,只有快读,才显得出千里发脉的气势。无妨一直到"结成一个穴情"再慢下来,到"荷花出水"最慢,一则这是个重要而生疏的名词,希望听的人能听清楚,二则意思告一段落,语气也便于收煞。这是快慢。

再谈"轻重":

"一天——结束了——,而结束——如此之——美——,死亡——如此之——美——,毁灭——如此之——美——。"

"了"字本是轻声,"而"字"之"字都是虚字,声音也要轻些。"如此之"三个字连续既轻且快,这个小节跟"一个墩,一个炮"不同,"一个墩"虽然读得很快,"墩"字却要读得很重,"一个炮"亦然,因为"墩"和"炮"的声响都不是轻滑流利一类,"墩"和"炮"也都是庞然大物。"死亡如此之美"句中,于音于义应该加重的是"死亡"和"美","如此之"轻轻带过算了。下句中的"毁灭"和"美"亦同。

所谓节奏,就是由声音的长短、高低、轻重、快慢和顿挫形成的秩序,长短、高低、轻重、快慢和顿挫,相互间错综配合，连绵不断，可能产生的变化几乎是无限的。在音乐里面，长短、轻重、高低、快慢都是抽象的音符，在诗里面却是有意义的字句。诗人不但追求节奏，也追求节奏和诗中的意义融合为一，相得益彰。由不认识节奏到认识节奏，需要培养"节奏感"，培养节奏感最简易的方法是多听音乐。在音乐里面，节奏的变化丰富，相形之下，语言的节奏到底简单，认识了大巫，对小巫就不会陌生了。

关于音韵，我们都知道"国语"有阴平阳平上声去声，有齿音唇音喉音，有开口撮口合口，有轻声变调儿化韵，字音有响哑清浊，在什么情形之下用哪种声音或不用哪种声音，使用语言的人应该有考虑。我常举广播界名人翁公正的名字作为字音组合不善的例子，翁先生有雅量，不以为忤。宋代大诗人辛弃疾三个字就不响亮，后人宁愿叫他辛稼轩。我服务过的"中国广播公司"，这个名称看在眼里很漂亮，读在口中一个字比一个低哑，到"公"字几乎模糊难辨，幸而最后有个"司"字声势一振。无独有偶，台北还有一个"公共工程局"。多年前有一本文学杂志，名叫《读物》，内容很好，但是办了几期就停刊了，原因之一是：你到书店里去买《读物》，没有一个店员能听清楚你要买什么。

余光中教授在他的《诗与散文》里,举梁实秋先生《雅舍小品》中一段文字,说明散文中也有音韵问题。《雅舍小品》的一段文字是:

"如果每个字都方方正正,其人大概拘谨,如果伸胳臂拉腿的都逸出格外,其人必定豪放。字瘦如柴,其人必如排骨,字如墨猪,其人必近于'五百斤油'。"

余氏称道这一段文字:虽不刻意安排平仄,但字音入耳却错落有致,只要听每句收尾的字音(正、谨、外、放、柴、骨、猪、油),在"国语"中四声交错,便很好听。句末的"油"字衬着前面的"猪"字,阳平承着阴平,颇为悦耳。如果末句改成"其人之近五百斤油也可知",句法不坏,但"知""猪"同声,就单调刺耳了。

我有一段文字是:

"在几秒钟之内,人人雕成塑成一般固定在那儿,甚至风息、蝉哑、鸟坠、云凝。"

"风息"当初本来是"风定"。但是前句已有"固定",两个"定"字重复,而重复在这里毫无必要。如果把"固定"取消,改成"人人变成木雕泥塑",语气骤然急促,非我愿。那篇作品我一路写来以节奏舒缓的长句支撑大局,就是"甚

诗　107

至风息、蝉哑、鸟坠、云凝"，我也把它当作一个长句看，只是句中包含三个短顿罢了。现在想想，当初推敲不够仔细，"风息"仍然应该以"风定"代替，至于前一句，仍然有办法把"固定"去掉而保持节奏的舒缓。"风定"的好处是：一、"定"字音节沉重，前可以与"木雕泥塑"描写相呼应，后可以与"鸟坠"相呼应。"定"的音节可以增加"坠"字的真实感。二、"风息"是风不见了，"风定"是风在那儿不动，好像风是一个实体。这可以与后面的"云凝"相呼应，增加"凝"字的真实感。

韵音涉及字音的长短轻重，和节奏有密切关系，因此两者常常合称"音节"。诗人对音节特别敏感，特别有控制其规律加以变化运用的才能。通常，诗人在写一首诗之前，对音节有整个的规划，即所谓韵律，一如对内容有完整的构想。中国的旧诗历史悠久，名家辈出，又经批评家不断解释阐发，诗人在韵律方面的苦心相当明显，新诗则在这方面没有多少资料。大概新诗的兴起以文学革命的旗帜为号召，要打倒格律摆脱束缚，至今耻言韵律。也许有少数优秀的诗人已能掌握语言的音节，尚无批评家整理推荐。谈音节者往往举旧诗为例。李白的《蜀道难》，句法大起大落，一句之中有多次顿挫，在音节上表示了山势的险恶，而且诗开头的句子较短，越写越长，再以短句相间，也足以表示山路越走越崎岖。杜甫"锦江春色来天地，玉垒浮云变古今"，其中锦春叠韵，浮古叠韵，云今叠韵，据说锦江、古今本来是双声，句中音节相应若有共鸣。"但觉高歌感鬼神，焉知饿死填沟壑。""高歌感鬼"一连四个字双声，罕见的音节产生很大的撞击力，增加了无穷回味。吴梅村"人生千里与万里，黯然销魂别而已"，于急促的音节中见情感的激动。李清照"谁伴明窗独坐？我共影儿两个"，全首音节不失轻快，好像在孤独中尚能保持潇洒；"寻寻觅觅，冷冷清清，凄凄惨惨戚戚"，则全首音节走向低哑短促，好像用生命中最后的气力述说痛苦，再无逃避的余地。

　　语文、音节、形象三者本合为一。音节不仅仅在字音里，也在诗的情感里，诗的意象进入读者内心，把情感传染给读者，读者再以他有情的耳朵来听诗，享受音节带来的微妙经验。时钟的嘀嗒声本来是没有轻重变化的，但若一个人知道十分钟后有重大困难发生，时间的压力越来越大，嘀嗒之声对他也越来越沉重。"风急天高猿啸哀，渚清沙白鸟飞回。"风、天、鸟都在高处，猿啸的声音也很高昂，渚清沙白也像是高空俯瞰所见，意象如此，所以音节也越听越高亢。当你觉得"千里江陵一日还"节奏很快的时候无法不想到船走得快，当你觉得"朝见黄牛，暮见黄牛，三朝三暮，黄牛如故"节奏很慢时无法不想到走得太慢。"早行石上水"，道路难行，才体会出"石上水"音节之窄急，"暮宿天边烟"，住宿的地方似乎还安适，才见出"天边烟"三个字平声叠韵的音节悠长。诸如此类。

作者在经营意象时同时经营音节的说法向来有人反对。"三百篇中有出于小妇人者"，她们何尝知道诗的格律？格律是近体诗的规范，古时又何尝有格律？就算唐宋以下，好诗也都是自然浑成，作者何尝勉强迁就格律？诗是"性情至而格律备"，是"满心而发，肆口而成"。这种说法有它的道理，但是，我们怎样解释"一诗千改心始安"呢？怎样解释"吟安一个字，捻断数茎须"呢？怎样解释"所有伟大的作品都不是初版的样子"呢？哭声的音节和笑声的音节天然不同，不待人为，可以用"性情至而格律备"来解释，但作诗并非如此简单，诗并非是"纯粹的呜咽"，内容可以决定形式，但并不等于形式。古代没有成文的诗的格律，但是有不成文的语言的韵律，三百篇中的小妇人或古诗十九首的作者可能训练有素，能够掌握这种韵律，他们的作品"成似容易却艰辛"，只是我们不知道他们创作的过程；也许他们运气好，"肆口而成"与韵律暗合，但是这样的人终生只能有一两首作品，好运气往往只来一次，他们没有能力继续不断地创作，不能成为诗人。

我们今天反对旧诗的格律，是因为"形式上的束缚使精神不能自由发展，使良好的内容不能充分表现"。但是我们不能因此反对语言的韵律，掌握语言的音节而变化运用之，乃是诗人的天职。有人说，拿一首好诗来，把格律音韵去掉，把它的内容写下来，它仍然是好诗。这是革命家的过激言论。把诗的格律音韵去掉，把内容写下来，恐怕只是一篇散文。如果取来的样品是杜甫的《无家别》，还能得到很好的散文；如果取来的样品是李商隐的《锦瑟》，结果就很难说。旧诗的格律之应当废弃，是因为它是语言韵律的一种设计，应该还有别的设计；也因为它已沿用千余年，今天需要推陈出新。旧诗的格律好比一双鞋子，今天的诗人穿着不合脚，但诗人不能赤脚走路，得另外有新的鞋子。有人说，我们不要别人做鞋，我们不要制服，我们自己做鞋自己穿，那当然也好。

诗人既然要对诗中的韵律做一全盘设计，诗篇越长则设计越难，于是诗多半很短。有人甚至反对长诗，说"长诗是说故事的韵文"。"诗"因此可以做"短小"的明喻。有人比较各种体裁，指出诗是"寸有所长"，小说是"尺有所短"。诗既然篇短字少，势必求精，以质量的优势弥补数量的劣势，要求一首五绝的二十个字是二十个圣贤，没有一个市侩。因此"诗"得一引申义，意味着精美贵重。有人比较各种体裁，说诗是文学中的珍珠，长篇小说是文学中的金字塔。诗既然短而能精，必不放弃"有余不尽"的效果，讲求言外之意，弦外之音，忌"义尽于此，不通于彼"。这倒是散文、小说、戏剧也要达到的境地，因此有人说"散文、小说、戏剧俱以诗为指归"。诗既然要跟这么多的限制奋斗，必然要讲求技巧，有人"语不惊人死不休"，有人"两句三年得"。因此"诗"又得一引申义，意味着人工多于自然。有人比较各种体裁，说诗如舞蹈，散文如走路，戏剧如赛球。

以上种种原因产生了以下的结果：抒情诗大多抒情而不言事，只描写感情像虫子咬他，却不说虫子是怎么生出来的。李清照的几首著名的词就是这样，不交代背景，对前因后果来龙去脉没有任何说明。这真是"但见泪痕湿，不知心恨谁"。"明月几时有，把酒问青天"，要靠前面的两行注解，才知道作者怀念他的老弟子由。有人说这样的作品是一个"点"（小说是一条线，戏剧是一个球），而"点"据说是没有空间的，诗，或者说抒情诗，就在这个若有若无的点上，似散还聚。抒情诗的素材多半舍繁复就单一，牺牲广度，发掘深度，做到无微不至，无隐不烛，因此有人说，诗人最为多情。

叙事诗必须言事，但是诗人叙事有独特的方法。一件事情的发展本有逻辑上的连贯，诗人切断了这种连贯，上一句和下一句之间出现大片空白，要注释家用考证去补足，或者要欣赏者用想象去补足。这是"青山断处借云连"。那冒出来的山峰，也就是诗人叙及的部分，也多半经诗人用强烈的主观和丰富的想象予以加工，有心人不妨把《长恨歌传》和《长恨歌》做一比较，或者把《费宫人传》和《费宫人刺虎歌》做一比较，就可以看出诗人叙事所用的语言和手法都不肯落实，一个读者如果完全不知道费宫人其人其事，只看《刺虎歌》，对于作家所叙之事总觉得模模糊糊，不甚了了，只能仿佛知道大概发生了什么事。读者虽所知不多，情感和想象却被诗句引逗出来，有些人不免以玩味情感驰骋想象代替认识事实，并且以自己的情感和想象拟定事实。因此，有人说诗人擅长煽动，"诗"又有了一个引申义：不合事实或脱离现实。

切断事实、用想象填充是诗的一项规律，这规律的另一个使用的机会是切断意象。如果诗人由美女的眼睛想到湖水，由湖水想到湖心的星光，诗人有权将湖水略而不提，有句曰："眸子里的寒星。""眸子"和"寒星"本来无涉，诗人可以把它联在一起。以"羞花"形容美丽于今已是滥调，但当初第一个使用这意象的人却博得佳评，他的句子是"美人却扇坐，羞落庭下花"。"庭下花落"和"美人却扇"本来不相干，诗人把两件在逻辑上没有关系的事物联想起来使之发生艺术上的关系。现代诗人善用此法，迭有佳句。像"你唇间软软的丝绒鞋"；像"在春雨与翡翠楼外，青山正以白发数说死亡"；像"今天的云抄袭昨天的云"；像"每一隅黑暗贴满你的眼睛"；像"一匹狗子咬着海，咬着黄昏"；像"我爱的那人正在烤火，他捡来松枝不够燃烧，要去了我的发，我的脊骨"。这些诗句在理性上也许说不通，论感性却十分诱人。它是用想象重组事物关系，再造世界。

把以上这些话的意思做一总结,就是:学诗由认识音节开始,直到文字和韵律合作无间;由事物引发想象开始,直到以想象再造世界。

体裁选择

有人爱写小说，有人爱写散文，有人爱写剧本。有人三者都写，在不同的时候推出不同的作品。这是什么缘故？作家为什么有不同的尝试、选择？

第一个理由：一篇作品究竟应该写成散文、小说，还是剧本，要看那篇作品处理什么样的材料，表现什么样的内容。散文、小说、剧本属于体裁，体裁属于形式，形式是为表现内容而设。题材属于内容，有些题材应该写成散文，不宜写成剧本，有些题材则相反。以画为喻，古人曾说胸中有怒气时画竹，胸中有逸气时画兰，借画竹的笔法和竹的形象升华怒气，借画兰的笔法和兰的形象表现逸气，怒气逸气好比内容，竹兰好比体裁。我们也知道画雾中楼台或烟雨蒙蒙中的山水宜用水彩,楼台烟雨好比内容,水彩好比体裁。作文和作画不同,但其中有些道理相通。

一、什么样的题材是散文的题材呢

1. 直说的

文学创作虽贵含蓄隐藏,但不能完全排斥直抒胸臆,因为人的情感有时必须滔滔倾泻,任其自然,无暇修饰或假托。例如林觉民烈士在起义前夜,自分必死,写信与爱妻诀别,他一提起笔,强烈的感情就迸射出来,实在不能"言在此而意在彼",也无心创造一个人物来替他说话。他写出来的是散文。另一种情形是,作者在生活中得到某些经验,他想把那经验直接地忠实地记下来,不愿再加以变造。他的理由也许是心存虔敬感激,例如写父母的言行;也许是那经验本身已经够美,不必再用文学手段去无中生有,如《核舟记》。这些作品都采用散文的形式。

2. 平面的

"去年今日此门中，人面桃花相映红。人面不知何处去，桃花依旧笑春风。"这是人生的一个"平面"。"床前明月光，疑是地上霜。举头望明月，低头思故乡。"它的材料也是平面的。这样的诗最近散文，因为散文反映人生可以（并非必定）止于平面，不求立体。如果"我"去年今日在桃花下与人分手，如果"我"今年此日又在此门中和人相逢，这就走向立体化了，这里还有一点空白要我补起来，那是：由去年今日到今年此日，这一年之中"我"干了些什么？如何将这一首一尾中间的虚线变为有机体？比方说，"我"这一年之中竭力想忘掉她，好容易淡忘了，不料又重逢，而重逢后又得分手。如此这般，你也可以考虑写小说了。

3. 闪现的，不定型的

苏东坡说，他曾经在黎明之际看见竹笋生长。他说，竹笋不是悄悄地、慢慢地长出来，而是突然冒上来。就这样，他写了一篇散文。有一位老教授说，当他还是小学生的时候，家乡来了一个马戏团，有一个随团表演的小女孩，穿着红裤子，引得他百看不厌。直到现在，他七十岁了，有时还梦见那个女孩——穿着红裤子。就这样，他写了一篇散文。一位到美国旅行的作家说，他在纽约误入酒吧，乍见里面一片昏黑，一个黑人朝着门口的方向仰脸看电视，银幕的余晖罩着他的黑脸，从他鱼肚色的眼球上反射回来，"眼"是屋子里唯一发亮的东西。那双眼充满了邪恶，流露出恨意，那光也冷得可怕。他连忙退出来。如此这般，他写了一篇散文。

好像什么题材都可以写散文！小说戏剧都有模式，作者在大模式中求变化，填不满模式的题材不能用，散文似乎没有这个共同的大模式，它没有定型，由作者随意赋形。小说剧本的作者把那些"填不满模式"的题材记下来，存在"仓库"里，用灵感、想象力、生活经验慢慢喂养，等它长大，散文作者则不一定要这样办，心有所得，拿起笔来就可以写，"可行则行，可止则止"，别有一番乐趣。

二、什么样的题材是小说题材呢

1. 性格突出的人物

俗语说"百人百性",又说"泥人也有泥性"。人的性格各自不同,但有些人相当接近,可以合并成类。按照习惯每一类性格有一名称,如阴沉、爽朗、刚强、柔弱等。这种经过归纳以后的性格,使那个人在别人心目中留下深刻的印象,甚至留下长远的影响。

一个人如果具有明显的性格,他的行为会有一个模式。有些事情他一定会做,有些事情他一定不做。他解决问题的方法和态度,我们可以猜得出来。"人心难测",其实并不很难,人的性格和行为之间有某种因果规律。我们要有相当久的人生经验、相当深的社会阅历,才认识此一规律,所以古语说"人老自智"。

虽然"百人百性",这百样性格却有一个共同的背景:人性。由人性看个性,由个性看行为,是演绎;由行为看个性,个性看人性,是归纳。想到人性多半能原谅那些有缺点的个性,悭吝的行为使人不快,但若那守财奴早年过于穷困，内心永远潜藏着匮乏的恐惧，又足以使人释然。从仁者勇者身上则可以看见人性的伟大美丽，知道万物之灵可以到达这样的高度。

作家观察人生，如果从人的性格着眼向下发现动人的行为，向上发现深藏的人性，他多半要用这种材料写小说，只有写小说才"物尽其用"。

2.含有冲突的事件

有些事件含有冲突。例如神父和妓女在一处避雨，一个黑人和一个白人连在一副手铐上逃亡，一个韩国人到了朝鲜，朝共怀疑他是韩国派来的间谍，他回到韩国，韩国又怀疑他是朝鲜的间谍。有一个人，姑且称之为某甲，他出卖了他的朋友某乙，他从此躲开某乙，避免见面，他又时时打听某乙的行踪和生活状况，放心不下，因为他要预防某乙报复。这些材料早已由小说家写成了小说。

有时候，小说家要制造含有冲突的事件，或在事件中制造冲突。"岁寒然后知松柏后凋"，雪想剥掉松树的外衣，松树怎么也不肯，雪花费尽心机，徒劳无功，自己却融化了——没关系，明年再来。这就是制造出来的冲突。机器人本来和人没有冲突,但是有人设想千万年后,机器人愈来愈精巧,跟人没有分别,有一天这些机器人忽然也有了个性,有了欲望,他们也闹罢工,也闹革命。这也是制造出来的冲突。

3. 事件复杂,并经过很长的时间,有种种演变

这是长篇小说的题材,《红楼梦》和《三国演义》都是用这样的题材写成。

三、什么样的题材是戏剧题材呢

1. 立体的

从前有一个故事:某甲的父亲掉到河里淹死了,尸体漂到下游,被某乙捞上来。某乙写信通知某甲:"你要想把父亲的遗体搬回去,必须付我五十两黄金。"五十两黄金是一笔巨款,某甲不甘心付出这么大一笔钱,偷偷地去找足智多谋的某丙商量。某丙对某甲说:"没关系,这好比一笔买卖,你尽管杀价,因为对方这笔货非脱手不可,而买主

只有你一家。"某甲听了觉得很对，就不理某乙的要求。某乙着了急，也暗中向智多星某丙请教，某丙对他说："没关系，这好比做买卖，你尽管叫价，因为对方非进货不可，而只有你一家有货。"某乙觉得有理，决定坚持下去……

在这个故事里面，甲有甲的难题，乙有乙的欲望，丙有丙的阴谋，三条线现在纠缠在一起，是一个立体的事件。这样的故事也可以写成小说，但更适合编成剧本。用台球做比喻：台面上有三个球，各球之间保持相当的距离，撞球的高手选一个角度下杆，这一个球就去撞动第二个球，第二个球去撞动第三个球，第三个球又滚回来撞动第一个球。小说可以这个样子，也可以不是这个样子，如果一篇小说中也有三条线索，也有三个主要的人物——三个球——往往第一个球撞第二个，第二个球又撞第一个，把第三个冷落在旁，有时候，甚至其中一个球独自滚来滚去滚动了很久，才沾上其余两个。有些小说只有一条故事线，像是把两个球穿成一串。

2. 激烈的

戏剧，由于一次次冲突造成一次次高潮，而高潮又愈推愈高，难免要把事件的发展推向极端。所以戏剧情节多半是激烈的，反温和的，不中庸的。有人说小说的故事有一个模式："一个人，他遭遇到困难，他想出办法来解决，最后得到一个结果。"我们可以把这个公式用在戏剧身上，只要稍稍增加几个字：戏剧是"一个人，他遭遇到特殊的困难，他想出一个非常的办法来解决，得到意外的结果"。

在戏剧里面我们总可看到极爱、极恨、极勇敢、极怯懦、极自私、极慷慨。我看见一位资深的电视导播，指导他的后进：那演员亮出刀子来的时候，要让观众看见刀子；刀刺下去的时候要让观众看见伤口；让那演员拔出刀来，举在空中，握刀的手发抖，用特写镜头让观众看见刀尖滴血。在编剧会议上他们使剧中人遭到阻碍，严重的阻碍：使剧中人受到侮辱，羞死人的侮辱，世人不能忍受的侮辱。常看戏的人都会发觉，舞台上总有那么多耳光、下跪、呼天抢地，银幕上总有那么多枪战、车祸、癌症。

3. 集中的

"集中"指时间集中，人物集中，事件集中。譬如集团结婚，二十对新人在同一天、同一个礼堂内完成嘉礼，谓之集中；二十对新人在二十个地方分别成婚，地点不集中；在二十个月内先后成婚，时间不集中。戏剧常以法庭、旅馆、火车、大杂院等地为背景，为的是便于集中。《西游记》的布局不够集中，所以有人说它的情节好像是大年夜的烟火；《水浒传》到了结尾才把各路英雄集中在一处，所以有人说"水浒"如果是戏，应该在结尾处开始。

人生常常是散漫的，欠缺周密的计划，偶发事件很多，所以，戏剧的集中有时并不自然，但是戏剧家有一种本领控制剧场，征服观众，使观众暂时失去抵抗能力，接受一切安排，并且在散戏后也不想翻案。舞台剧最要集中，电视剧放宽了一些，电影在各剧种中得到最大的自由，有时候可以像长篇小说。不过"集中"是戏剧这种体裁的一大特性，切记：要充分认识特性，才可以充分把握那体裁；能充分把握那体裁，才可以活用那体裁。

以上是题材和体裁的关系。下面谈谈作家的气质性格和体裁的关系。先说散文。

四、什么样的人喜欢写散文

1. 爱好自由

这是说爱好文学形式的自由,不耐受格式规律的拘束。写散文,爱长就长,爱短就短,爱直接说出来就直说,不爱直说就找一个寄托,爱写人物笔下就出现人物,不爱写人物就只写"江上数峰青",这样何等洒脱,何等自在?有些人专门讽刺那些为布局结构所苦的人,指出作文的乐趣在无拘无束,发抒性灵,悠然自得。陷于格式规律不能自拔,当然是坏的小说作家和编剧,但"无拘无束,悠然自得"恐怕只能成为好的散文作家。记得有一位散文家偶然乘兴写了一个故事,用第一人称观点叙述,有人读了以后提供意见:第一人称写成的小说,只能写"我"亲自做过的事和直接的见闻,不能无故描写"他"怎长怎短。这位散文家反问:"我为什么要受这个限制?"答复是:这是写小说的基本规则。散文家又反问:"我为什么要写小说?"这一问使对方语塞。他爱自由自在地写,他不在乎写出来的东西是否合乎某种格式,于是他写了一辈子散文。

2. 内向、长于内省

作家如果时时自己反省，不喜欢和外界接触，和那些个性、职业、生活习惯不同的人保持距离，他就逐渐养成了一个习惯：在下笔之前向内挖掘，写来写去都是写他自己。他不能观察一个渔夫的生活，设身处地，把自己化作渔夫，也不能把自己的心分裂开来，一面身受一个慈母失去独子的悲痛，一面写一个阴险小人狡计得逞时的快乐，把两者合成作品。他写来写去写出一种人物，就是作者自己。这样的作者可以写很好的散文。有一位散文能手怕开会，怕参加宴会，不喜欢公共场所，他说人多使他心乱，使他的文思荒芜。酒店是左拉那种人流连的地方，而左拉写小说。

3. 只能在短时间内集中注意力

我问过多位散文作家："你为什么写散文？"大部分答案是：散文可以一口气写完。在他们看来，写作犹如饮一杯美酒或听一首好歌，情趣随时间而蓄积饱满，在工作完成时愉快达到高潮，中间宜不打断，如果中断，则情趣消退，前功尽弃，再继为难。有一位作家说："我写作的时候要发烧，作品完成以后才退烧，如果中途退烧，那写了一半的稿子只好进字纸篓。"

这样的人自然不去招惹长篇小说。写长篇多半要列出人物表，写出大纲，像照图施工一样今天写一点明天写一点，写作的热情随时可以收住，也随时可以发动起来。有些长篇要费时五年十年，作者的注意力始终贯注，灵火始终照亮全局。有人受得了这样的压力，有人受不了。

五、什么样的人会去写小说呢

1. 化身癖

小说手法是把主观的经验客观化。"我"失恋，这是主观的经验，少年维特失恋，这是客观化的结果，第一人的内容借第三人称来表达，是一种化身的艺术。"我"看见许多醉心中古骑士、幻想行侠仗义的人，他们似乎不知道自己活在什么样的社会里，十分可笑。"我"不去直接写他们，却去写一个叫吉诃德的人，让吉诃德来代表他们，术语谓之创造典型。这也是一种化身。

作家的信条和守则里面有一条是真实，也就是对人生忠实，对艺术忠实。但人生和艺术并不恒等，艺术力求完美，人生则往往有缺陷，需要作家妙手再造。《儒林外史》说王冕画了许多荷花，有人不信，指出王冕以画梅知名，从没有一幅荷花留下来。但是《儒林外史》既然写王冕放牛，王冕练习写生只能画荷，因为放牛的场所和季节都适合画荷，不适合画梅。《儒林外史》是小说，它描写王冕的幼年以艺术的考虑为第一。"化身法"能根本解决这个矛盾，求得人生和艺术的两全。《少年维特之烦恼》写得好，对人生忠实，因为维特是歌德的化身。为了艺术效果，维特自杀了，也没有人指责这是说谎，因为维特到底不是歌德。歌德虽然活下去，但世上因失恋而自杀者大有人在，所以维特自杀的情节仍然忠于人生。

化身法还有一个好处。无论是作者自己，还是作者观察到的别人，都有自己的隐私，不愿公之大众。有一位理学家说，他每天写日记，他的日记可以让人阅读，凡是不能让人在日记中读到的事，他在生活上绝对不做，凡是不能让人知道的念头，他绝对不去那样想。这只能算是一个人修身的理想标准,即令能做到,恐怕也不是很好的小说人物,读者会觉得单调、没有深度。文学家要向人性的深处发掘,而人性复杂,善恶混沌,洁白和污垢层叠。小说家写医生,不仅写那医生收到多少感谢状,也写他犯了错误使一个病人死在手术台上,写他为此事良心难安,但也写他勇敢地掩饰自己的罪过。要怎样写才不伤害那医生呢(才不伤害作者自己呢)?答案是:化身法。

有些作者喜欢化身千面,认为"假作真时真亦假"之中有无限乐趣。他觉得他把人、把世界都重新创造了一次。他要写小说。

2.记录癖

人生种种,与时俱逝,即生即灭,转眼成空,思想起来好不可惜。心有未甘的人奋起挣扎,你看世上有这么多照相机,就知道和时间作战的人很多。长篇小说的作者大半是这种人,写《红楼梦》的人说,他生平见过几个好女子,要是埋没了实在可惜,他要写。写《冰岛渔夫》的人说,他不忍那些动人心魄的情景坠入历史的黑渊,他要写。雷马克在《生命的火花》里写下纳粹的罪感,索尔仁尼琴在《古拉格群岛》里写下格别乌的罪恶。

　　小说家的这种志向和兴趣，可以称之为记录癖。在这里，"记录"一词是广义的用法，概指用文学方法使后人亲历前代的生活经验并亲见前人的心灵。在这方面长篇小说可以做到逼真、精细、完备。因为长篇小说可以写得很长，只要你能写得好，长度几乎没有限制，诗、散文、剧本，都不能与之一争"长"短。长篇小说是文学体裁的金字塔，使那些想"为时代作证"的人"高山仰止，景行行止"。

六、什么样的人乐意写剧本

1. 组织能力

　　作文章也是一种组织工作。政治家组织"人"，作家组织语文、组织意念、组织意象、组织人物。有人喜欢组织工作，有人不喜欢，有人组织能力很强，有人则否。中国历史上有许多人不喜欢做官，宁愿在乡下种花种菜，现在也有人不肯担任行政工作，宁愿受人家管理而不愿管理别人。有些人的性格却完全相反，长于组织，不怕麻烦，有时故意把简单的事复杂化，以便在"加减乘除"中得到快乐。写剧本的人就是这种"自找麻烦"的人，天下本无事，平地惹风波。一群人物性格不同，各怀"鬼胎"，编剧使他们各尽其职，各得其所，本似纷纷攘攘一团乱麻，却由作者"密针细缕"安排得如锦似绣。这要有高度的组织力。

写散文最怕一个"俗"字，写小说最怕一个"浅"字，编剧最怕一个"松"字。"松"就是组织涣散，不成队形。写散文好比自己动手做事，写小说好比指挥别人做事，但要求并不十分严格，编剧则是驱役一群人，如身使臂，如臂使指。一出戏又像一场篮球比赛，运动激烈，队友间有充分的默契，反应迅速，合作恰到好处。有两个人交换创作经验，一个说："我写小说的时候，我笔下的人物有自己的意志，他要怎么做，我就怎么写。"另一个说："我编剧本的时候，剧中每一个人都根据我事先精密的计划，他们打个喷嚏也得经我同意。因为每一个人物只是一小部分，只有我统筹全局。它由许多精密细微的零件组成，任何一枚零件都得符合规格，否则整部机器就要出毛病。"

2. 商业头脑

演戏要花很多钱，花出去的钱要靠卖票收回来。编剧虽然不负责财务，也要记住戏剧除了是艺术以外还有商品的性格，在工作中具有成本支出、盈余、亏损等观念。编剧也要注意"市场"的需要，注意什么题材在什么时候能卖座。如果孤芳自赏、不屑于有这种想法，就不容易在编剧的行业里生存。

3. 对群众的感应有兴趣

戏剧工作者非常喜欢群众，有一位戏剧家曾经自称为"伺候群众的人"。在剧场里，观众总是往舞台看，而编剧可能坐在后台一角从帷幕的缝里看观众。他欣赏观众，从观众的反应领受教益。如果演到某一个地方观众应该哭而没有哭，那是什么原因？要怎样使他们哭？如果演到某一个地方观众应该笑而没有笑，那又是什么原因？怎样使他们笑？如果演到观众应该哭的地方，观众反而笑了，那时编剧就是世上最难过的人。多年前，有一个朋友醉心编剧，但是从来怕面对观众，有人预料他将要"做一个失败的编剧，或者做世上最伟大的编剧"。这话后来应验了——应验了前一半。

以上是作家的气质性分跟体裁的关系。最后我要指出，时代风尚对作家选择体裁也有影响。有一种现象是，各种体裁轮流风行，小说寂寞了一阵子，否极泰来，散文热闹了几年，盛极而衰。编辑多登什么，书店多出版什么，就有人多写什么。这种"十年河东转河西"的情势是怎样造成的？有时候，力量来自作家。如果社会上出现了几位优秀的小说家，大家因为爱读他们的作品进而喜欢小说这种体裁，更进而去读别人写的小说，就会造成小说的旺季。有时候力量来自传播工具，例如，自报纸副刊兴起以后，"杂文"即应运大行其道，因为报纸需要杂文，引发了读者的"求"和作者的"供"。

电视机愈来愈普遍了。电视所播出的内容必须成为画面，画面是非常具体的东西，当"人生"降到最具体的层次时，就是人的行为，这就成为"表演"。观众坐在家里天天能看到表演人生，就不想再进剧场影院，听人家说故事的兴趣也减弱了，因此威胁话剧电影和小说。不过电影有一弱点：不容易表达抽象的意念，它诉诸感觉，不鼓励思考。但抽象思考究竟是人们不能缺少的，需要思考的人纷纷求助于哲理的散文，散文因此有长足发展。

我们都记得唐诗为什么特别发达。如果社会的领导者致力提倡某种体裁，许多有文才的人就会投入心力去好好使用那体裁。文学批评在这方面也有很大的影响力，中国作家一度推重长篇轻视短篇，经过许多人提倡鼓吹，短篇小说乃有今天的成就和地位。新诗的成长，更是许多人一手写诗、一手写论文，身经百战开拓而来。

人们生活方式的改变和文学体裁的兴衰之间有无关联？若干年来，我们生活的节奏愈来愈快，有人预言简练短小的作品将取代冗长繁复的作品，"只有门房和仓库管理员才看长篇小说"。而今看来，生活方式一旦变动，对文学作品的题材和表现方式影响甚大，对体裁的影响较小。因为作家也生活在这个社会上，他比一般人更敏感，他的作品代表当代人的呼吸和脉搏，即使他写长篇小说，只要写得好，读者仍有心情和余暇欣赏容纳，他的作品仍可进入读者的生活。如果作者脱离时代，背离众生，即使是仓库管理员也读不下去，因为仓库管理员并非心如止水的古人。如今，作家们正面临题材和表现方式的革命，至于体裁，只有那么几种，他们又怎么舍得奢言淘汰？

胎生与卵生

从前有一个秀才，整天抓耳挠腮、唉声叹气也写不成一篇文章。他的太太在旁"扑哧"一笑："怎么你们秀才作文章比我们女人生孩子还难？"秀才说："你们肚子里有孩子，当然生得出孩子来；我们肚子里没有文章，怎么作得出文章？"这个故事用笑料点破了文学创作与怀孕生育两者的相似之处：作文的人必先"肚子里有文章"，一如妇人生育必先"肚子里有孩子"。故事里面的那个秀才似乎并不明白这层道理，他说"肚子里没有文章"，意思是胎儿乃有形之物，瓜熟自然蒂落；文章乃无形之物，何处捕风捉影？他这句话是理直气壮地说出来的。殊不知写作是诚于中而后形于外，是作者的"腹中"先有了"内容"，内容组成形式，化为媒介,因此,"肚子里没有文章"恰恰是秀才对自己的嘲笑。

许多人说,蚌怎样生出明珠,作家也怎样产生作品。蚌在河岸海滩张开介壳,迎接阳光,它是无猜的,不设防的,没有预定计划的。谁知一阵风吹过,蚌肉里落进一粒沙子。蚌肉是那么细嫩,而沙子那么粗糙坚硬,真是一种难堪的侵害。蚌在受辱之后赶快把外壳合起来,关得那么紧,那么严密,可是它再也没有办法把已经侵入的沙粒排出去,那沙子摩擦它,伤害它,无止无休地折磨它,它只有从体内分泌出一种含有云母的黏液,涂在沙粒外面来减轻痛苦,云母干了,再涂一层……再涂一层,专心致志,念兹在兹,直到有一天,那粒沙子变成了珍珠。

人在幼儿时期简直是个暴君,无论他想做什么父母都得依着他。幸亏他的欲望非常简单。等他慢慢长大,面对社会,他就逐渐尝到挫折的滋味。人,可以说是在挫折中成长的,"不如意事常八九"而"可与人言无二三",有些重大的挫折造成"心的伤害",终身隐隐作痛。在他心里有虫子咬他,热铁烙他,尖针刺他,日复一日,年复一年,他忘不了,抛不下,躲不掉。他刻骨地想,内在语言如潮海翻腾。他只好去做某些事情以减除痛苦，其中之一就是文学创作。

且拿失恋作例子。失恋是人生的一种挫折，受到这种挫折的人多半把痛苦藏在心里，他不让别人分担，别人也无法分担。他昼夜咀嚼苦果，吞咽苦汁，疯狂地思念那一切，越想越痛苦，但是不想更痛苦，于是拥抱那痛苦成了减轻痛苦的方法。起初，内在语言是混乱的，不成形的，但是，想着想着，在想了千次万次以后，他能在一段距离之外省察那痛苦，思念依然在循环不已地进行，内在语言却有了秩序和样式，想着想着，又想了千遍万遍之后，痛苦化入那语言作成的形式之中，翕然无间。有一天，内在语言变成了书面语言，痛苦也随着从内心移到纸上，藏在物质里。这就像婴儿脱离了母体一样，孕妇的灾难已完结，创造的满足随即到来。那失恋的滋味本来不堪一说，现在却有一种方法向天下的陌生人倾诉，非但不会招致讥讽，进而由他们分担痛苦，也由他们分享那痛苦解脱之后的了悟。但是并非所有的介壳类动物皆可生珠。有人在失恋之后整天打牌，有人因不能升级而终日饮酒，有人在阴历元旦那天心情不好，就拿起电话随便拨个号码，告诉对方："你家有一个人马上要死。"有人听见别人生了孩子马上叹息："又是一个讨债鬼！"因为他结婚多年还生不出孩子来。殷浩受了挫折，心中念念不忘，可惜只是在家"咄咄书空"，未能"珠胎暗结"。屈原行吟江畔，才念出来《天问》《九歌》。作家是一种什么样的人？别人亏待他，迫害他，他却生出美，生出价值，生出人类文化的产业来，所以好的作家是国家社会一宝。

文学作品感性为表，理性为里，具体中见抽象，寓大于小。作家创作时或者从具体出发，或者以抽象为起点。一篇作品，如果因"心的伤害"而来，它的孕育过程乃是由具体到抽象，由感性而理性，因为伤害由生活的事件造成，而事件是具体的。安徒生号称"童话之王"，受举世推崇，但他的童年在别人的轻视与压抑下度过，并不"绚烂"，他的心灵的伤痕可以从《丑小鸭》中窥见。我们都知道母鸭自己不能孵出小鸭来，主妇把鸭蛋混在鸡蛋里让母鸡去孵化，雏鸭混在一群雏鸡里难免遭受歧视，然而小鸭中却有天鹅，有朝一日飞上天去！"丑小鸭"究竟是指安徒生自己，还是指他邻家的一个女孩？这个问题在这里无关紧要，若论起点，丑小鸭当然是安徒生的"心路历程"，若要推究终极，安徒生的丑小鸭可以安慰勉励一切众生！

从前，我是说当我还是一只雏鸡或雏鸭的那年代，不作兴父母对孩子按时发放零用钱，我们常常为了没有支配物质的权力而烦恼，常常觉得有些沉甸甸的东西压在心上，"生活"迫使我们反复思索此事，有时到了"魂牵梦绕"的程度。那时我们有一种幻想，以为把瓦片埋在地下，日久会变成铜币。于是我们搜集一些干净漂亮的碎瓦，找荒僻幽静的地方去埋藏，有时候我知道这是一种游戏，有时候十分认真。直到现在，我还记得那些瓦片埋在哪里。我读书读到尤里西斯装疯在田里种盐，想到那瓦片。我到银行去取钱的时候，有时以为是把瓦片挖出来。既然有这种感觉，我知道我"受孕"了。我曾经想写一个故事：台湾南部农村里有一个孩子，他没有零用钱。他埋瓦片。后来他离开家乡到很远的地方——甚至到了国外，把那些瓦片都忘了。后来他回到故乡，想起瓦片，发现以前埋藏瓦片的地方现在是一座水库，那汪洋的波光，跟白花花的银子无异——这是一层境界。以前埋瓦片的地方现在是一座大厦，底层是一家银行。他呆立门前看人家出出进进，怅然若失，因为钱都被别人拿走了——这是另一层境界。我想还可以有别的境界。

作家的观察力、想象力、体验的能力都可能因"心的伤害"而增强,"一朝被蛇咬"的人看草绳,必定和一般人不同。有一位作家说,他从小常被后母打骂,挨打的时候钻到八仙桌下躲避,四条桌腿这种象征性的栅栏,无效的防御工事,至今引起他的紧张感。有一位作家爱吃花生米,但不多吃,他可以用五千字写一粒花生米令人一口气读完。他说,童年时随着祖母逃难,一路上十室九空,他们整天没有饭吃,祖母不知从哪里弄到一把花生米,一面拉着他走路一面用花生米喂他。祖母先把一颗花生米塞进孙儿的嘴里,然后把一颗花生米放在自己的嘴里,然后再把一颗花生米送进孙儿嘴里……我们写八仙桌,写花生米,一定写不过他们。

挫败对作家似乎有益。人生中有种种遭际,在别人看来是负债,对作家却是收入。"一旦归为臣虏"对一位国王当然太不幸了,可是对李后主呢?"家破人亡"对任何人都是不幸,可是对曹雪芹呢?有人统计古今中外有多少作家坐过牢,有人指出中国诗里面的悼亡诗都比定情诗写得好,下第诗都比应制诗写得好,除夕作出来的诗都比元旦作出来的好。有人说文艺创作是苦闷的象征，有人说要造就一个作家最好的办法是别让他得志。进而有人说，作家即使生活得很好，也要有一种"挫败感"，挫败感是一种主观上的不得意，它一如春情发动期，是可以受孕的征候。这一切说法都是为文学的胎生说下注，传统的文学理论家自来赞成胎生。

所以，文学创作是"有病呻吟"，是"骨鲠在喉，不吐不快"。所以有一位作家说，创作是我的"私事"，与人无涉。另一位作者干脆提出口号："为我自己而艺术。"所以，作家的心思意念是无法掩饰的，他的情感是不容虚假的，"爱情和咳嗽都不能隐瞒"，临盆生子犹然。我喜欢崔宁碾玉的故事，崔宁是一个玉匠，秘密和郡主相爱。在当时，这种恋爱触犯礼法，他们于是私奔，于是被官府追缉。他们藏得很严密，但是崔宁碾出来的玉观音每一尊都逼肖郡主，无法有别种造型。官府的侦探以崔宁的作品为线索，一路追查，逼得崔宁无处躲藏。崔宁在家庭破碎之后流离失所，双目失明，他什么都不能做，可是仍然能够碾玉，他碾出来的观音像更精美，观音的面貌也更像郡主——他的妻子。爱情受到阻挠，婚姻被拆散，崔宁的内心是痛苦的，痛苦产生了艺术，艺术作品流露了他内心的秘密，他不想掩饰，也不能掩饰。有人说作家是一种最不能保守秘密的人，有人说作家以表白心迹为职业，诚然，如果那些作品都由"胎生"而来。

文学作品并非完全出于胎生。胎生之外，另有一种创作程序，可以称之为"卵生"。母鸡从蛋里孵出小鸡来，那些蛋并不是它自己生出来的。有时候，一如《丑小鸭》中所写，其中还混杂着鸭蛋。无论是自己下的蛋也好，别的鸡下的蛋也好，甚至鸭子下的蛋也好，天鹅下的蛋也好，只要盖在翅膀底下，那母鸡就忠实地忘我地拥抱那些蛋，就会在半昏迷状态中发着高烧，用自己的体温去孵化那些蛋。它不准任何人碰那些蛋。从那些蛋里孵出生命来是它的天职，它的宗教。它是那么认真，那么热情，那么专注持久，以至它和那些蛋不分彼此，合而为一了，它以生命唤醒了蛋中的生命，生生不已、延成一线了。最后，那些蛋变成鸡，脱离母鸡成为独立的个体，母鸡也清醒过来，恢复正常——写作，有时候恰是如此。

卵生和胎生的分别是，卵是外来的，由外而内，胎生由内而外。在胎生的比喻里，"心的伤害"是作品的胚胎，在"卵生"的比喻里,"社会使命"是作家要孵的蛋。文学作品对社会有影响力,作家是有影响力的人,他应该怎样使用他的影响力?他希望社会发生何种改变?他要尽他的力量在宇宙间加些什么减些什么?在这方面,"胎生"是不能自己、不能控制、不能预先设计的,"卵生"则可以。"卵生"从选蛋开始,那时,作家是清醒的、理智的,他知道自己要做什么,也知道将来做出来的是什么。作家在选取了蛋——也就是社会使命之后,他热烈地、忘我地拥抱那使命,他要钻进那使命中去,也要把那使命引进他的灵魂中来。他完全爱上了那使命,他进入母鸡孵卵那样的昏热期。那使命本身并不是文学,可是,它包含着成为文学作品的可能。作家,由于他是作家,他以特殊的能力把那使命转化成作品,也借作品完成那使命。

作家的使命感是非常广泛的:丑的恶的,要改革,固然是使命,善的美的要鼓励赞美,也是使命。世上有特立独行之人,做出令人景仰的事,他并没有刺伤谁,可是有一个作家认为这样的人可风可传,应该让天下后世知道人生境界可以到达这样的高度,他要为那人写传记,或者把那人当作长篇小说的主角,这也是使命。有许多人拿韩国的亡国经验写小说，其中最享盛名的一本却是一个日本作家写的，韩国亡国对那个日本人毫未造成伤害，而是那位日本作家认为韩国亡国的经过应该扩成全人类的共同经验，这些都可以称为作家的使命感。

我想，每一个中学生都知道"卵生"是怎么一回事。上作文课的时候，老师在黑板上写下作文的题目，也就是给你一个蛋，要你孵。"作文指导"之类的书大半是教人怎样孵蛋。有人说作文应该先有文章，后有题目，怎可先出题目教人作文，那是"胎生"的论调。支持"命题作文"的人说，先生在出题目的时候替学生想过，在学生的生活经验范围之内命题，使学生不愁没有材料。这是希望外来的使命和内在的表现欲望恰好一致。在作家的创作经验中确有这种"天作之合"。某杂志以养狗为题征文，某作家在接到征文信那天不幸被狗咬了一口，于是下笔万言，文情并茂。不过这类事到底不常有。

《伊索寓言》是典型的卵生文学。这本书包含许多小故事，每一个故事后面有一条教训，事实上是先有那教训，后有那故事，每条教训就是一个蛋，故事从教训演化而来，一如蛋中孵出。有人不赞成那教训，于是动手修改那故事，说是龟兔赛跑的结果龟仍然输了，兔子仍然赢了，结论是：愚笨的人纵然努力也难望有多大成就。耶稣说过浪子回头的比喻，以浪子为前车之鉴，劝人悔改，有人改写这个故事，说是浪子虽然悔改了，可是，当他回到家里的时候，他的弟弟正吵着要分家产，要变卖产业外出远游，历史重演，覆辙当前视而不见。写这个故事的人也许要提醒我们人类总是反复上演同样的悲剧罢！作者的使命不同，目的不同，生活仅是材料，仅是手段，可以视需要加以编排。

"胎生"由具体出发，寓抽象于具体之中，"卵生"则由抽象出发，落实到具体，卵生的创作活动的程序大致如下："男人的恋爱是由肉到灵，女人的恋爱是由灵到肉。"这两句抽象的论断，后来发展成一本剧本。在剧本里，"男人"从抽象降到具体，落实为某一特定的男人（假定他叫亨利），"女人"也落实为某一特定的女人（假定她叫玛莉）。亨利是医学院毕业的学生，下乡实习，与玛莉相识。他一向认为男女关系不外肉欲，就对玛莉游词挑逗，毛手毛脚，具体呈现了男人的恋爱由肉开始。而玛莉是个安静、内向的女孩，生活环境十分单纯，主要的消闲方式是听古典音乐，对婚姻的想象限于捧花披纱，她对亨利的粗鲁无文，穷追猛打,感到十分难堪,这又具体呈现了女人的恋爱由灵开始。这两人一个以肉攻灵,一个以灵拒肉,展开一场又一场冲突。

剧情的最高潮是一场激烈的争吵。玛莉再也忍不住了,严词责备亨利,数说他下流无耻。亨利也反唇相讥,指出玛莉作茧自缚,浪费人生。灵与肉针锋相对,不欢而散。看起来,两人彻底决裂了。但剧情峰回路转,玛莉回到家中想了几天,觉得亨利也有道理,原来,她虽和亨利争执、对抗,却不知不觉受了亨利的影响!她愿意接受亨利的恋爱哲学!于是她走访亨利,托词有病,解衣袒胸请亨利诊察,具体呈现了女人由灵到肉。而亨利的反应却是小心翼翼地替她扣上纽扣,诚恳地告诉她,这几天他想来想去,完全接受玛莉的责备,他要改变对人生的态度、对恋爱的态度。原来在这一个夏天当中亨利也渐渐接受了玛莉的影响!这又具体呈现了男人由肉到灵。

"抽象"和"具体"好比是一把梯子的两端,拾级而升见抽象,逐级下降见具体。抽象高出具体,但并未与具体绝缘,这"逐级下降,回到具体"的努力,就是作家开始"孵卵"。"抽象"是从"具体"中归纳而来,作家既然

胎生与卵生 147

热爱那"抽象",当然也会热爱那支撑抽象的"具体"。他回到具体,把感情"揉"进去,把体验揉进去,再用想象把它"吹"起来,"揉"和"吹"都是作家在从事孵卵式创作时使用的术语。有一次,我和十个作家一同拈阄分题,我拈到的是"恶意讥评他人将使自己变小"。我的第一步工作是闭上眼睛看我能不能爱上这个主题,我能。第二步是向现实生活中找根据,当然有。最后我由题目中的"变小"二字想起我见过一个触目惊心的侏儒,决定加以使用,这是"揉"。我说那侏儒之所以长不大,是因为他喜欢讪谤他人,而他每逞一次口舌之快,他的身体就缩小一些,他的生长被这种难以觉察的损害所抵消。他遍求名医,等到查出病源时他已经五十岁了,他生长的顶点早已过去了,不过医生说,如果他能改正恶习,还可以保持现状,以免晚年继续收缩。这是"吹"。

由上例可知,那卵,是从人生中提炼凝聚而来。写作的人要先把它破开,要它内部膨胀生变。蛋破,蛋内的生命按照自己的规律成长,并非完全人为或勉强,蛋化为鸡,一如那抽象的题旨化为作品。为了增加孵卵的热力,作家有时需要到某些地方实地观察,向某些人采访,或者读某些档案。互相讨论对"孵卵"也有帮助,几个有创作能力而又胸怀无私的朋友竟夕聚谈,可以相互激发文思。"胎生"也许本来无意为文,欲罢不能,"卵生"却是有意有文,锲而不舍。大部分业余的作家只有"胎生"的经验,大部分专业作家都有"卵生"的本领。

有人问过:文学作品真能分成胎生、卵生两大类吗?一如前面所说,胎生、卵生不过是比喻,它代表创作活动的两种程序。此事无法就既成作品进行检验,只有希望写作的人"夫子自道"。可惜肯公布这种秘密的人不多,作家多半喜欢强调浑成自然,无所为而为,没有机杼,不可言诠。我相信,精短的小品,可以不归胎生,即归卵生,复杂的鸿篇巨制则作者时而因情生文,时而为文造情,形成胎生类和卵生类的大编队。不论胎生卵生,只要写得好,都是上品,如果写不好,卵生流为说教,胎生流为牢骚,那就都失败了。

新与旧

　　文学创作贵乎创新,最忌守旧。什么叫作旧?有人说凡是已经写出来的作品都是旧的,只有那还没有创作出来的东西才是新的。也有人说,那没有被人模仿过的作品才是新的,一经辗转模仿便不免陈陈相因。这些说法都未免太严格,那"还没有创作出来的东西"还没有成为作品,无法观察它的新旧,而作品,一经创作完成,只要它够好,自会有许多作家受它吸引,学它的样子,伟大的作品甚至能左右文风,形成时尚,就是所谓"管领风骚"。

　　"新"作品应该是业已创作完成的作品,它之所以"新",并不是由于别人不曾模仿它,而是由于它没有,或者几乎没有模仿别人。新不新向前比古人,不是向后比来者。"新"

之可贵，在乎它增加了文学的总成果。用数字来表现，假定一国文学的总成果现在是一百，此时有一位作家能够创新，则该国文学的总成果马上增加为一百零一，如果没有人创新，则大家写来写去其总成果仍为一百。中国文学史记述汉赋唐诗宋词，西洋文学史记述古典浪漫写实，都是从总成果着眼。近世难道没有人用古典手法？当然也有。

汉赋唐诗、古典浪漫都是文学的大潮流，作家并不一定要掀起这种大潮流才算创新，小处着眼，作家无处不在"推陈出新""因新得新"。在莎士比亚的剧本里面，李尔王失位出走，十分狼狈，有人看见了他，惊问"那不是国王吗？"，李尔王昂然回答"每一寸都是国王"，这句话是莎翁的创作。后来好莱坞为性感明星玛丽莲·梦露宣传，说她"每一寸都是女人"，这是模仿，如果我们也形容汉武帝唐太宗"每一寸都是君王"那就是因袭或抄袭。作家时时刻刻都在努力摆脱因袭，跳出模仿，从事创作，这是"推陈出新"。作家的尝试也许会失败，即使他失败了，别的作家也可能从他的不成熟的作品里得到启发，以他的作品为"绿肥"，成功地培育出新种来，这是"因新得新"。由于"推陈出新"之必须，"因新得新"之可能，所以许多人都鼓励创新，甚至宁愿忍受勇于创新所造成的一时的破坏与混乱。中国俗谚有"文从胡说起"，从这个角度看就不是胡说。"熟读唐诗三百首，不会作诗也会偷"是鼓励因袭，"熟读唐诗三百首，不会作诗也会诌"却可能是鼓励创作。

创新有没有方法呢？有一个学画的朋友努力想有与众不同的风格，弄得废寝忘食。有一天，他去拜访他的老师讨论这个问题。他的老师说："如果你学我的画，我有办法教你，如果你想自成一派，我也不知道应该怎么办，因为创新是没有方法的。"我想有很多人赞成这位老师的说法，创新如果有方法，人人如法炮制，岂不都成了一代宗师？不过也不能把事情看得太死，方法是一回事，使用那方法的人能有多高的造诣是另一回事，"方法"能使人成为射手，不一定成为神射手，但是神射手也曾和射手一同受训。我说过写作好比烧瓷器，方法是公开的，但是有的师傅烧出来的瓷器特别精美。不仅此也，烧瓷器还有所谓"窑变"，这一窑瓷器烧出来走了样，出现了"变体"，好得出奇，珍贵无比，到底为什么，谁也说不出原因来，你想使同样的情况再出现一次吗？简直不可能！"窑变"没有方法，烧瓷器有方法，而窑变是因烧瓷器才出现的。文学创作的方法大概也是如此，所以，如果有人说创新也有方法，我们不妨听听。

我在《灵感》中介绍过一本书：美国教育家奥斯朋写的《实用想象学》。这本书反复说明创新的方法。他说的创新本是指工业发明，但是他说，工业发明与文学创作其理相通，两者都是一种设计，因之，文学创作的训练可以帮助工业产品发明新的设计，反过来说，工业发明的方法也可以使文学的产品更新。他的主张似乎呆板无趣，可是并非完全不值一顾。在他提出来的诸般方法之中，最有用的一个是增加法。

· 增加法

"增加"是在前人已有作品里增添一些成分。《十日谈》里面有一个故事，大意是说，某人养了一只鹰，那只鹰是他仅有的财产。有一个孩子非常喜欢这只鹰，希望能据为己有，昼夜思念，得了重病。孩子的父亲在了解孩子的心思之后，就去拜访鹰的主人，希望能把鹰弄到自己家里来。却不料鹰的主人见贵客临门，殷勤接待，在没有弄清楚客人的来意之前，把那只鹰杀掉做了晚餐的主菜。欧·亨利的短篇小说《圣诞礼物》似乎是以这个故事为蓝本而有所增加。在《圣诞礼物》里面，妻子悄悄地卖掉了一头长发，给丈夫买了一根表链，而丈夫已悄悄地卖掉了表，给妻子买了一把漂亮的梳子。在《十日谈》的那个故事里，是单方面的善意，单方面的错误，使另一方失望。在《圣诞礼物》里，甲乙双方互取互予，双方都充满善意，也都做错了事，双方的善意完全落空。这样，《圣诞礼物》有它自己的创意。

中外都有"试妻"的故事：丈夫远游四方，现在回来了，要试试妻子是否贞洁。平剧的《武家坡》和《汾河湾》，故事架构几乎相同，男主角的名字一个叫薛平贵，一个叫薛仁贵，又何其近似。《武家坡》是单纯的夫妻重逢，到了《汾河湾》，在夫妻之外增添了一个儿子：儿子长大了，却从未与父亲谋面，夫妻重逢之外加了父子乍逢，就是一出新戏。

· 延长法

"延长"实在是"增加"的另一示例，它利用一个众人熟知的故事，加以改写，却不照原来的样子结束，故意加续一段，这一段才是作者匠心所在。读了延长的部分，我们顿觉画龙点睛，故事有新的生命。"浪子回头"是怎么一回事,家喻户晓:一个家庭里面有两个儿子,大儿子分得家产,全都变卖了,到外面去享乐游荡,后来钱花光了,在外面吃了许多苦,大彻大悟,毅然回家向父亲痛苦悔罪。耶稣当年讲述这个故事,用意是劝人勇于悔改。这个故事几乎人人知道,可是回家以后有一件事人人不知道,只有一位小说家知道,他说大儿子回家之日正是二儿子吵着要分家之时,二儿子也要挟资远游,一如当年其兄所为。大儿子以自己的经验劝告弟弟,弟弟完全不听。经他这么延长了一段儿,故事似乎完全不同了!

我在《开放的人生》里处理过一个古老的传说。据说某国国王日理万机,仍然下决心要探讨生命的意义;学者替他写出结论来,他没有时间读。他在老病垂危之时要求一位年老的哲学家用一句话说出生命的意义何在,据说这位哲学家在国王耳旁轻轻地说:"生命就是一个灵魂来到世界上受苦,然后死亡。"这个故事很好,可惜结尾黯淡,我特地加以"延长",说是这个记载遗漏了一些重要的字句,那位年老哲学家向国王报告的全文下面还有:"由于这个人的努力,他受过的苦后人不必再受。"经过延长后,故事对人生的态度转为积极,所反映出来的人生经验也比较完整。

当我还在教书的时候，有一次和几位同学谈到写作材料，谈到民间故事。我说有人认为太阳是丈夫，月亮是妻子，夫妇俩本来在一起。不知怎么月亮变了心，和太阳分开了，后来，月亮又回心转意，想和太阳言归于好，可是太阳不肯，总是躲，太阳躲，月亮追，千秋万世，一如我们所见。有一位同学说：总有一天，月亮追累了，认为再追下去不值得。如果有那么一天，月亮停止不动，地球上会发生一些什么变化？我马上告诉他："你已经有材料可写了，先写传说，把传说当作事实写，然后续上你的想象。把想象也当作是已经发生的事实。"

· 合并法

"合并"也可以列为增加法的一个项目。就像两种动物交配可以产生新品种一样，从两部作品中分别取出一部分来，加以融合，可以写成新的作品。例如，有这么一篇散文：作者说他是一个教员，教了二十年的国文，每年都要在课堂上讲朱自清的《背影》，每次讲授《背影》的时候都想起自己的父亲。在他的心幕上也有父亲的背影存在。当年他望着父亲的背影时有一个女孩子迎面走来，嫣然一笑，所以父亲的背影之旁还有一张女孩的脸，背影是佝偻的、灰暗的，脸是红润的、娇嫩的。起初，在他心幕上，这张脸十分清晰，在画面上最为醒目，后来自己年事渐长，阅世渐深，那张脸就逐渐变淡，背影就越来越突出，像木刻，像浮雕，最后成了一尊铜像。很显然，这篇散文的内容是《背影》加上人面桃花，借两者的对比和消长写出较为复杂的人生经验。《背影》和人面桃花都是独奏，综合之后就有了和声。

有很多人改写过《国王的新衣》。其中一篇说，那个国王身旁有个奸臣。裁缝为国王缝制一套看不见的新衣，乃是那个奸臣导演的把戏，他要国王丧失尊严，使国人认为国王身心失去正常，不能治国。那奸臣暗中命令所有的人都承认赤身露体的国王穿着华丽的新装。那个国王也不傻，他察觉了奸臣的计谋，索性将计就计看看朝野上下谁是忠心的人。最后，当一个孩子大声指出国王裸体时，国王并没有逃走，而是把那个孩子抱进宫里，慨叹只有孩子对他诚实。我相信这就是《国王的新衣》加上"指鹿为马"合成的故事。

另一篇《国王的新衣》说，国王是个断去一臂的残者，他召裁缝来制新衣，第一个裁缝给他做的衣服只有一只袖子，他把裁缝杀了；第二个裁缝给他做了两只袖子，他也把这个裁缝杀了。于是再也没有裁缝敢给国王做衣服了，裁缝都逃掉了，躲藏起来了，于是国王只好赤身露体。读了这篇作品立时联想到另一个故事：有一个皇帝召画工为他画像。这皇帝的一只眼睛瞎了。第一个画家画出皇帝的两只眼睛不一样，被他杀死了；第二个画工把皇帝的两只眼睛都画得炯炯有神，也被他杀死了；于是第三个画工只好要求替皇帝画一幅侧像，把那只坏眼隐藏起来。原有的《国王的新衣》和《皇帝的画像》都比较单薄，合成一篇新作以后意义就丰富得多了。

· 变造法

这个方法和"增加"不同。增加法还相当借重旧有作品的"形"，变造则特别偏重旧有作品的"神"，所以更接近创造。《新约》记载耶稣诞生，国王得到密报说新王降世，就下令杀死城中所有初生的婴儿以巩固自己的王位。国王不知耶稣已由父母带着逃出城外，以为问题解决，不再追究，城市的那些婴儿等于替耶稣死了，这个"替死"的故事不知被多少作家变造过。我还记得有一部电影，说是外太空有两只黑猿驾着太空船来到地球，地球上的科学家把它们拘禁起来加以研究。这两只黑猿是一对夫妇，它们在地球上生了孩子。这时，有一位科学家查出来黑猿的后代将在几千年后统治人类。为了截断历史，这个科学家决定——杀死它们。母猿带着小猿逃，科学家拿着手枪在后面追，几经波折之后追到马戏团里，科学家才把小猿打死。他不知道马戏团里有一只猿猴也生了孩子，他打死的乃是马戏团的小动物，他真正追杀的对象却由马戏团带着漂洋过海远走高飞了。这部电影的故事就是《新约》中"替死"故事的变造。

中国也有"替死"的故事，其中最著名的也许是《赵氏孤儿》。春秋时晋国权臣屠岸贾杀赵盾全家，并搜捕新出生的孤儿赵武。赵家门客公孙杵臼恰巧也生了一个孩子，他为了营救赵武，就用自己的孩子顶替。屠岸贾杀掉了公孙杵臼的孩子，以为业已斩草除根，不知真正的赵武由赵家的另一位门客程婴秘密抚养。赵武长大以后为国除奸，为父母报仇，杀死了屠岸贾。这个故事传到欧洲，颇受欢迎。我们当然不会说《赵氏孤儿》是《新约》中的"替死"

故事的变造，但是，我们若要研究变造法，最好比较一下这两个故事。

· 倒置法

"倒置"是改变业已形成的顺序。在现代文学作品里面，时间顺序的交错颠倒是一大特色，这是每一位爱好文学的人早已注意到的事，这里不再多说。我愿提醒有志写作的人，倒置法的用武之地绝非仅限作品中的时间。杜甫梦见了李白，明明是杜对李有感情，可是杜甫却说这是李白对他有感情才走进他的梦里来。这未尝不可看作一次倒置，经此颠倒，更见出杜对李感情的深厚。

"倒置法"使我想起我看过的两部小说。其中一部描写一件冤狱，大部分篇幅写法庭审判的场面。本来在法庭上检察官是原告，受审者是被告，那位小说家却用"皮里阳秋"的笔法，使检察官成了被告，受审者成了原告，而小说家心目中的法官，就是读者。另一部小说描写一个新到任的排长率领全排担任战地勤务，本来他是领导者，士兵是被领导者，可是排长年轻初任，缺乏毅力和经验，倒是排上那些老兵见多识广，足智多谋，身在生死之地也顾不得礼数分寸，处处主动，表面上是排长领导士兵，骨子里是士兵领导排长。这两部小说的手法值得在此处称道。

若干年前，台湾最流行的题材是本省小姐和外省男士相亲成婚。当时某电影公司的主持人寻找新的题材，周咨博访，对我有一次约谈，我曾建议拍"外省小姐嫁给本省男士"。那时我并不知道有什么倒置法，只是觉得这个题材不落俗套，对电影工作者有挑战性。那家电影公司没有采纳我的建议，十年之后，物换星移，有人所见略同，外省新娘本省郎的故事才登上银幕。

不知有多少作品用"延搁"推动故事情节。长程的公共汽车忽然抛锚了，全车乘客进退两难，于是发生了本来不会发生的事情。这并非唯一的方法，在另一些作品里，事件在飞驰的火车上或接近音速的喷射机里进行，某些人必须趁火车正在开、飞机正在飞的时候达到某种目的。不知有多少作品用悲怆的调子处理死亡，这也并非唯一的方法，在另一些作品里，有人把死亡写成喜剧或闹剧。大家都说母猪很丑，是不是？但是有一个法国作家发掘出猪的美来。电影是一种连续活动的画面是不是？偏有人发明了"停格"，让画面突然变成呆照。我们是否可以把这些都归入"倒置法"?

增加、延长、合并、变造、倒置,都是奥斯朋提出来的创造方法,这些方法不仅能帮助组合材料,也能帮助修辞:"一天开门八件事,柴米油盐酱醋茶,散文。"这是增加法;所有的歇后语都用延长法;"红白喜事"一词来自合并法;旧诗诗法的"夺胎换骨"大半是变造法;"亲朋无一字(无即是有,有灾难),老病有孤舟(有即是无,无归宿)"是倒置法。奥斯朋还举出一个删减法,我向文学中找例证,例证不多。倒是有一个小故事:某人纳妾,他的太太写一首打油诗:"恭喜郎君又有她,侬今洗手不当家。开门诸事都交代,柴米油盐酱与茶。"末句删减一物,据说是留下醋给自己吃,删得好,相当幽默。

如果把奥斯朋的创造方法用于文学,要注意避免侵犯他人的权益,更要了解他列举的方法还嫌不够。想想文学的特质,我敢说文学作品创新的方法,还可以增加两项:

· 荒谬

荒谬的意思是离了谱。"谱"是已有的成规,离了谱是打破成规,所以"荒谬"可能创新。文学作家多半"洞明世事，练达人情"而后表现人生，文章内容讲求入情入理，久而久之，受情理局限，难免演为陈套。"荒谬"是脱出陈套的方法之一。

要怎样才算荒谬呢？就我涉猎所及，现在作家曾经大量使用一种方法：作品内容超出日常行为规范。人在外界某一事物的刺激下会有什么样的反应，有公认的共同模式，例如母亲死了，儿子悲痛，他会哭泣，他要守灵，他要一个人清静独处，可是卡缪在《异乡人》里面不是这么写的，他的写法很荒谬。我还读过现代中国一位作家的短篇，故事大意是，一个男孩的"生命纹"特别短，看手相的人说他短命，他整天望着掌心发呆。有一天，他坐在澡盆里看他的生命纹，看了很久，家人见他一直不出浴室，不知他干什么，却不料他用父亲刮胡子的刀片从生命纹的尽头往下割，往下延长，一直割到手腕，死了。这个结局令人悚栗，这个写法可能前无古人。

"荒谬"的另一手法是超出自然律。成语有一句"年光倒流"，言下之意在说"即使"或"如果"。要是你真的这么写下去：老翁还原为婴儿，子弹从阵亡将士身体里退出来，那就超出了自然律，不可能有那样的事发生，但是文学的内容可以是超自然的,一个渔翁从海里捞起一只瓶子来,打开一看,瓶口冒出一缕轻烟,轻烟凝成巨人,巨人要吃掉渔翁。天下哪有这种事,这是神话,神话不是事实,然而神话可能是文学。"呼龙耕烟种瑶草"是真的吗?不是,然而是好诗。一个女孩子掉进海里淹死了,她的灵魂化成一只鸟,这种鸟世世代代都衔着小石子去填海。这是真的吗?当然不是,然而这是多么好的题材!大象生了怀乡病,要有人说印度话给它听才会痊愈;修斯博士永远戴着帽子,如果他摘下帽子,头上会立刻再生出一顶帽子来。诸如此类,俱可作如是观!

· 新解释

作家在表现人生的时候同时解释了人生,人生中的同一现象,经不同的作家加以不同的解释,就分别写出不相同的文章。在这里,"解释"一词有独特的含义,它并不是像文选的注解那样附属于作品之内。要说明作品这一微妙的作用,还是举些例子。

《汾河湾》里面的薛仁贵怎会杀伤他儿子薛丁山?旧有的说法是,薛丁山那时在河边打雁,忽然刮起一阵妖风,有一只怪兽向丁山扑去，仁贵恰于此时来到。为了救人，仁贵抽箭便射，却不料射中了自己的儿子。薛仁贵的仇敌在死后阴魂不散，伺机报复，故意引导仁贵误射。这是旧剧《汾河湾》对仁贵伤子一事所作的解释。"增加法"里谈到的话剧则不然，那个剧本把景从河边改到寒窑之内，让狐疑满腹的薛仁贵从太太的床底下发现一只男人的鞋子，他以为这是妻子不贞的物证，而丁山出现，顺理成章地成了仁贵眼中的嫌犯，十八年前薛仁贵投军别窑的时候，丁山尚在母腹之中，现在两个男子汉猝然相遇，互相敌视，大打出手，结果酿成血案。这个剧本几乎想用"儿子为了母亲嫉妒父亲，父亲为了妻子嫉妒儿子"来解释这一场冲突，新的解释产生新的作品。

"五饼二鱼"是耶稣所行的重要神迹之一。当年耶稣登山布道，听众有五千人之多，到了应该吃饭的时候大家才发现缺乏食物，只有门徒能拿出五块饼干和两条鱼。耶稣祝谢了，用手擘饼分给众人，那几张饼一直擘不完，好像取之不尽，用之不竭，结果五千人都吃饱了。有文学创作的人大都承认这个题材很难处理。有人独出心裁，另辟蹊径，在他笔下，追随听讲的五千人中有很多人裹粮而来，这些人自己有饼吃不完，却舍不得分给两手空空的人。耶稣以一篇漂亮的演讲号召无私，接着以身作则，把他和门徒仅有的五张饼、两条鱼分给大众，哪怕是每人仅有一小片也好。众人在感动之下，竞相仿效，有无相通，尽得一饱。这就是对"五饼二鱼使五千人吃饱"进一新解。

从前，我们家乡的人说，你若在七夕观星，最后可以看见牛郎渡过银河和织女相会。每年那个"天阶夜色凉如水"的晚上，多少痴男怨女通宵不寐，专心望着河东河西，寄托一腔哀怨。第二天，有人宣布，他昨夜果然看见双星会合。这事怎么解释？为了引人注意而说谎？牵牛织女有灵？后来我找到一个解释：观星的人因疲劳过度看花了眼，产生了幻觉。第二天他的眼睛奇痛，可是他十分兴奋。他之所以兴奋当然是他私人的理由。我甚至想象他后来瞎了眼，但犹时常津津乐道当年所见的奇景。

诗人擅长对旧事物作新解释，"落红不是无情物，化作春泥更护花"是其一，"故人入我梦，明我长相忆"也可以当作新解释看。

创新如果有方法，方法大概就是如此。但是写出这种方法的人和读到这些方法的人都不应该满足，真正的新题材、新构想，还是要来自人生中的新发现。"问渠哪得清如许，为有源头活水来。"人生是文学创作的源头活水！

真与假

有些人在和作家交谈时总喜欢问:"你写的故事是真人真事吗?""你最近出版的那本小说是你的自传吗?"这些人中间的一个,可能在办公室里对他的同事说:"你知道吗?《沧桑恨》里面的女主角,就是那小说家的太太!"有些作家也曾强调:"我写的那个故事是真的!"有些电影在宣传海报上大书:"真人真事改编!"有人在他的论文里表示:"文艺的真善美以真为第一,如果不真,哪儿还有善美可言?""虚伪是艺术最大的罪恶。艺术可以隐藏,但是不可说谎。"

再看另外一种情形:一位青年朋友参加小说征文竞赛落选,他拿着作品去找一位评审委员,要求指点。那委员说:

"我不能以评审委员的身份讨论你的作品。三个月后,你再来找我,我愿意表示个人的意见。"三个月后,他们又见面了,那曾经身为评审委员的人说:"你的小说只是一篇实录,缺乏应有的想象成分。"什么是想象的成分呢?"小说不是写鸡蛋,而是写鸡蛋中尚未孵出的鸡。"有一位影业巨子接受记者访问,谈到电影的题材,他说:"我从来不拍观众的生活,我拍观众生活里没有的东西。"

文学作品的题材究竟应该是真实的呢,还是虚构的呢?作家若为这个问题所困扰,往往无法构思他的作品。陷入这困扰的人把文艺上的"真"和科学上的真混为一谈,把小说故事的"真"和历史记载的真等量齐观。我们说过,语文这一工具不很精确,一笔写不出两个"真"字,同一个"真"字却有不同的意义。为了表达得清楚一些,我们只好说文学作家所追求的乃是"文学上的真",这个"真"字别有解释。然而什么又是文学上的真呢?

文学创作在材料细节上必须求真。材料从生活中来,那生活是作者真实的经历。作者用惊人的精细与准确写他亲见的男女老幼、鸟兽虫鱼。在画史上出现过"两牛相斗时,牛的尾巴是竖立起来还是紧贴在臀后"之类的讨论,文学作家也是同样一丝不苟。在某些作品里，作家描写人物的病情，后世的医生读了可以诊断出病因，作家描写狼的习性，使动物学家叹服。现代有一位作家描写泪珠如何从戴了假睫毛的眼眶里滚出来，精确到令人惊心动魄的程度。一位作家描写两个贼如何合作行窃，他写得太逼真了，引起警察的兴趣。

多数人认为"真"就是不假，就是确有其事，可以查验，可以举证。材料细节上的"真"正是如此。有人写农家生活，有一句"等香蕉熟透了再摘"，这是不真，因为"瓜果不可生摘"这一定律有它的例外，如果不信，可以下乡查问。月亮的形状有上弦、下弦之分，有一位作家独出心裁写出"中弦月"一词，这是不真，读者要求他把"中弦月"的模样画出来看看，他无法答复。古代有一位诗人在作品里提到菊花落下来的花瓣可以做高人雅士的粮食，有人纠正他：菊花的花瓣向花心收缩，"抱香"而死，并不像牡丹芍药落英缤纷。好莱坞有一部影片，描写一个人如何凭他的智勇对付一伙逃犯，剧情设计最重要的一幕是：这人故意带着一把手枪让逃犯的首领搜去，盗首有枪在手，洋洋得意，却不知枪内弹匣早已取出，他因有恃无恐，一时大意，终于失败。一位军中作家看了这部片子之后说:"这一幕设计未免失真,一把空枪和一把实弹的枪重量不同,一旦抓枪在手立刻可以分辨出来,那个盗首应该有玩枪的经验。"

文学上的真还有作者思想情感的真。如果一个作家,想用他的作品使读者相信一些东西,那作家自己是否先相信了呢?如果一个作家,想用他的作品使读者受到感动,那作家是否自己先感动了呢?一个作家,是否确如他在作品中所写,爱他所爱的、恨他所恨的、领悟了他所领悟的呢?试以孔融让梨为例,孔融取小梨而让大梨,究竟是"友爱出于天性"、莫之致而至呢,还是在家规礼教的压力下困而行之?他让梨之后觉得天伦之乐比梨更甜,还是内心充满了委屈?如果日后孔融要把"让梨"写成文学作品,在理论上有如下四种可能:

一、当时的心情以让梨为乐,作品中也恰如其分地表现出这种心情;

二、当时的心情以让梨为委屈,作品中也恰当地表现了委屈;

三、当时的心情以让梨为苦,文章中却说是快乐;

四、当时的心情不以让梨为苦,文章中却说自己嫉妒,不甘心。

在上面假设的四种可能中，第一和第二为真，值得我们向往；第三和第四为不真，值得我们警惕。特别是第四种可能最要不得，颇有人以为文学中的"真"就是丑陋，就是黑暗面，否则就是美化粉饰。文学创作求真，诚然把题材范围扩大了，把本来要掩饰隐讳的一面表现出来，可是也不必因此把善良美好的一面挤出去。倘若为了标榜真实而故意自居"下流"，那未免作践自己，当然也失去真实。

有人说："上帝给我们语言文字就是要我们掩饰自己真正的企图。"说这句话的人只能写宣言，写报告，写外交照会，不能写诗、写散文。文学，至少狭义的文学，是诚于中、形于外，辞欲巧而情欲信。装腔作势，言不由衷，是作家的堕落，也是文学的末路。为什么作品中的思想感情要真？因为作品中的人生，是人生从外面进入作家内心，再从作家内心借文字媒介转化到外面来，作品的世界是作家内心的世界，作品中的人生是经过作家的心灵过滤、营造、照明、放大之后的人生，文学技巧的功用只是把它恰如其分地表现出来，过与不及都是破坏。既然如此，假定表现技巧没有问题，作品之是否可观可取，要看作家的心灵把人生处理成什么样子。伟大的作品所以难得，正是因为伟大的心灵和伟大的文学天才难得集于一身。退而求其次，能窥见、体会、了解那伟大的心灵，而文才又足以将之表现出来的人也不多。我们切记倘若内涵不够，文学技巧不能补救。否则空话大话人人会说，岂不提笔都是经典之作？天下没有这么便宜的事！

还有一种是读者感觉上的真。作者的材料细节真，情感也真，但表达的效果究竟如何，要以广大的读者为试金石。世上未必有此事，作者这样写了，读者从此以为有；世上从未有此人，作者这样写了，读者也从此以为有，文学的"真"才建立起来。当年我为一家月刊主持信箱，有人投书问世上是否有鬼。我说，爱好文学的人应该是有鬼论者，这些人能够对世上并不存在的事物坚信不疑，试想有人读到黛玉吐血自己也吐血，有人读到维特自杀自己也自杀，岂不都是"活见鬼"？用"行话"来说，这是"作家制造幻觉并迫使他人接受其幻觉"，要有这个效果才算文学。有一文友陷入恋爱，那位小姐起初对他也颇有好感，后来忽然疏远冷淡，使那位文友非常苦恼。我找机会与小姐一谈，探问缘由，她说读到他写的一部小说，书中男人欺骗女人感情的手段层出不穷，这人太可怕。我说那是小说而已，她仍然摇头，似有余悸。第二天我向那位文友恭喜，对他说："你的女朋友虽然去了，临行却给你一张作家及格证明书。"

说来奇怪，读者的感觉十分敏锐，并不容易敷衍、欺瞒。有人也许这么想过：我不诚实，读者怎么会知道？天南地北，彼此互不相识，仅凭文字接触，真真假假他怎么甄别？凭什么怀疑？却不知偏偏读者能试出水的温凉、味的浓淡来。有人说得好，作家是读者的"良心"，这颗心循环好不好，跳动正常不正常，读者当然心里有数，比"春江水暖鸭先知"还要明白，两者的微妙之处，也许恋爱可以比拟。像音乐一样，文学也是一种心声，音乐演奏家志在高山，知音立即听出乐声中有高山，志在流水，立刻从乐声中发现流水，演奏者看见一只猫要抓老鼠，音乐批评家立刻听出乐声中有杀机。语文比音乐具体，表露出来的更多，伪装极难。但如真情流露，文情并茂，也很容易得到知己。

一般人所关心的"真"，是指事实经过是否确实如此，曹雪芹是否即为贾宝玉，随园是否即为大观园。作家所追求的"真"，是利用真实的材料细节，表现内心真正的思想情感，使读者觉得真实。一般人所追求的目的，在作家恰恰是手段，"挥一挥衣袖，不带走一片云彩"，上半句一定不真，无论他穿西装或长衫都无袖可挥，诗人所谓挥袖，只是无沾无碍的胸怀、潇潇洒洒的态度而已。"科头箕踞长松下，白眼看他世上人"，长松下有多少世人可看？要看，还得找车水马龙的地方，但是长安街头岂有长松？没有长松又如何突出诗人独立不阿的形象？"人头作酒杯，饮尽仇雠血"，我们确知诗人不曾这么做，我们只是感染了诗人的豪气与信心。西洋人说耶稣死在白杨木做成的十字架上，白杨知道自己有罪，它的叶子永远无风自抖。如果你观察一下，就知道白杨的叶柄一端圆形而另一端呈方形，方圆交界处十分细弱，以至树叶索索颤动。这才是"无风自抖"的真相。但是，人类有一种永恒的罪恶感，如果白杨发抖的传说能把这种罪恶感表现出来，如果读者能从白杨发抖发觉这种罪恶感，植物学家的意见自可搁置不理。

　　文学作品中的材料细节要真，但作品的整体不必真，有时也不能真。人生"不如意事常八九"，而"可与人言无二三"。就文学创作而论，这种无法向人倾吐的情感反而最值得写。这时，作家多半要将"真事隐去"，把"一把辛酸泪"

安置在"满纸荒唐言"里。《红楼梦》无论是写亡国之痛还是败家之痛,都是"假语",曹子建的洛神其实是甄后,李义山那些含糊暧昧的诗,无论有了几种解释,总不外难言之隐。李后主"垂泪对宫娥"引起后人责难,怪他不以泪眼对宗庙社稷,不想想他有表现的自由没有?能在上文"最是仓皇辞庙日"用一个"庙"字已经很不错了。古往今来,不知有多少作家利用"假作真时真亦假"这道符以求畅所欲言,读者旨在分享人生经验,接受情感洗礼,并不计较事件的真假。劳动批评家逐字逐句加以考证的,只是一小部分作品,大多数还不是"不求人解,人亦终不解"算了!但是,只要那作品的材料细节真实,只要那作品表现了真实的思想情感,只要读者觉得真实,作品照样有价值,照样可以传下去。

抗战后期我有一个同营当兵的好友,他当年做中学生时在火车上挨了日本兵两个耳光,油然而兴敌忾之心。他曾经想把这份情感写成文章,迟迟不能下笔。起初,他觉得事件真相不足以见出内心的屈辱,想改成日本兵戴着手套打人才显得粗暴傲慢。接着他把那个日本兵想象成管理营妓的家伙,并非一个正式的战士。这样虽然与事实不符，但是与他内心的感情吻合。这件事使我们想起作家即使"写实"，也往往并非忠实地记录事件的原貌，而依照创作的需要有增删损益，此谓"理想化"。理想化的意思是，有时候，把真实的生活经验写出来并不能产生最佳的文学效果，作家得按文学创作的理想改动一下。即使"夜半钟声到客船"的地方夜半不敲钟，即使"白日依山尽"的地方没有山，诗句仍然可以那样写。

当美国的"嬉皮"运动闹得如火如荼时，在台北的美国记者猜测嬉皮何时蔓延到中国。这时台北发生了一件事，可以为"理想化"做注脚。台北某报有一位记者到派出所打听有什么新闻，值班警员告诉他一天平安无事，不过是在防空洞里发现了两个十三四岁的小孩。这位记者正愁当天没有稿子可写，决定把这件小事渲染一下。在他笔下，这两个孩子是从家里逃出来的。为什么逃？因为他们恨自己的学校，恨自己的家庭。他们在防空洞里住了多久？三星期，至少要三个星期才值得注意。怎么生活？他们向人乞讨一点钱买馒头充饥，在附近的公用龙头喝自来水。他们怎么洗澡？不洗。怎么换衣服？不换。那么身上脏透了？是的，当他们在派出所里出现时，警员都捂着鼻子。你看，这就是理想化的过程示范。第二天新闻见报，全台轰动：这不是嬉皮吗？中国到底出现了嬉皮！事后弄明白了，大家都怪那位记者不该这样写。用这个方法写新闻不可以，写文学作品却是"天经地义"！

散文有许多情景经过理想化，小说有许多事件经过理想化。小说、戏剧的人物是"塑造"出来的，"塑"是把材料一点一点加上去（雕是把材料一点一点减下来）。鲁滨孙的故事有蓝本，但是情节简单，不比《鲁滨孙漂流记》丰富动人，后者经过理想化，一点一点加上许多材料。我曾发现《旋风》里的主要人物方祥千是诸城名士王翔千的化身，偶然和《旋风》的作者姜贵先生谈及，他说方祥千的材料有一部分来自王翔千，还有一些材料是从其他人身上取来加到方祥千身上去的。"理想化"颇像制作集锦照片，华山一座峰，黄山一棵松，加上庐山一片云，合成一张图画。小说情节大都不能避免理想化，所以现在的历史家不再说小说可以"佐史"了，不再说读托尔斯泰可以帮助我们了解俄国历史，不再说读大仲马可以帮助我们了解法国历史了。

"理想化"还没有完全离开事实，"荒谬法"就不然了。

荒谬是完全虚构，事实毫无可能。海岸上支起锅灶来煮石头，煮着煮着，锅里的水沸腾了。再煮一会儿，大海也沸腾了，龙王爷冒出水面求饶了。哪里有这种事？有一个人失踪了，他被一群神秘的大汉掳走，那些人强迫他在沙地里自己挖坑居住，一宿过后，坑沿的沙子坍下去，把沙坑淤浅了，他只好一大早起身再挖，日复一日，周而复始。哪里有这回事？没有这样的事，可是这些材料都作成了文学作品。文学作品的"真"，在谜底，不在谜面，只要"知性"的层面合理，"感性"的层面可以荒谬。"煮海"的故事显示人怎样渴望控制自然。当你看见码头工人用起重机吊起货柜时，你会觉得"煮海"有些意思。当你听说将来科学家要移走一座山只须按一下电钮时，你会觉得"煮海"等于事实。沙坑的故事象征人怎样努力开拓自己生存的空间同时又不免作茧自缚。你天天准备联考，是挖你的沙坑，我在这里写专栏按期交稿，也是挖我的沙坑。《明道文艺》按期出版也是挖沙坑，每个人一息尚存就得不停地挖，谁停下来谁就要被沙子淹没。这些表面荒谬的故事背面有个普通的真理在，由理生情，也就有人类的真情在。

有些文学家所以偏爱荒谬，是因为它的含义往往比一般合乎情理的故事更丰富。一个小提琴家在台上弹奏，一曲未完忽然 A 弦断了，这位小提琴家不动声色立刻换了一支曲子，这支曲子从头到尾不用 A 弦。这是一个故事。两军作战，其中一方的司令部忽然为敌人攻占，司令也阵亡了，这受挫的一方立刻推举新的统帅继续抵抗，结果打了胜仗。这又是一个故事。一个出色的运动员跌断了双腿，瘫痪了，他坐在轮椅上改习绘画，又成为出色的画家。这是第三个故事。你无法把这三个故事化成一个，除非"荒谬"。如果从神话取材，写一个天将被对方一刀砍掉了头颅，他的肚子上立刻长出眼睛耳朵来，手执武器继续作战。这不是把以上三个故事都包括在内了吗？这个看来荒唐不经的故事不是也有它的真实性吗？

人生

生而为人，不免要为两个问题烦恼：人为什么活着？怎样活着？自古以来，人们都在忙着解决这两个问题。

人，茫茫然来到世界上，完全不知道那两个问题的答案，灵魂在成为肉身之前并没有进过先修班、讲习会，它们也许事先并不知道要做"人"，没有谁征求它们的意见，每个人都毫无准备，勉为其难。也许就是这个原因，他出生后的第一个声音是痛哭。

哭是情绪的发泄，不是问题的解决。他必须长大，擦干眼泪，认真地生活。他要寻求那两个问题的答案，有人找了一辈子，到老年才有结果，有人老早就找到了，可是后来又觉得需要修正。"为什么活着"是原则，"怎样活"

是技术，原则决定技术，技术也影响原则。人，为了解决这个问题用尽心智，长期努力，去搜集一切资料。这是每一个人的"终身大事"。

有一个方法是观察同类，模仿学习。人怎样模仿他的父母，童年时期怎样模仿他的玩伴，青年时期怎样模仿他的朋友，不但专家做过有系统的研究，我们也有自己切身的经验。这种模仿到了老年也未必停止，因为老年人有老年人独有的问题，在未老之前没有见过这种案例，现在要看看别的老年人怎么做。可以说，人生就是一连串问题出现和解决，人在社会上所寻求的就是解决问题的方法和使用这种方法的理由。有同样问题的人不免要互相接近、观摩，甚至竞争，在问题相同的一小群人中间，早一步解决了问题的先进者常是别人的老师。

另一个方法是读书，书是记录、保存人类经验的一种东西，对于人为什么活着、怎样活着有丰富的答案，乡下不读书的人，常说读过书的人比较聪明，那就是说读书人吸收前人的经验，解决问题的方法比较多。从前的人说"读了《易经》会算卦，读了《诗经》会说话"。我曾加以推广，说"读了《水浒》会打架，读了《红楼》会说话"。也有人说"读了《三国》会做官，读了《红楼》会吃穿"。有人用开玩笑的口吻说过"读了《红楼梦》想出家，读了《正气歌》想自杀"。这些话未免太简单，但是透露了重要的消息。

有人说秀才迂腐，不懂得怎样生活。这是因为秀才读经读史，经史中有的是做大事的人怎样渡过大关节，而一般人在日常生活中并没有这种机会。土木事变，英宗被俘，于谦断然决定先立皇帝后与敌谈判，此事何等了得！然而一般人平常只想知道他种的紫罗兰为什么不开花，如果一旦歹徒绑架了他的儿子，他不能先声明脱离父子关系后报案。依从前人的看法，读"闲书"可以增加"小聪明"，"闲书"涉及一般生活的细节，例如怎样防偷，怎样防骗，怎样得到上司的信任之类，小说即是前人心目中的闲书之一。

古书是记录古人的经验，现在时代不同，有老问题也有新问题，解决老问题也许得用新方法，我在《我们现代人》里举了很多例子。秀才之所以迂腐，有时候是因为他想用古代的方法解决现代人的问题，那方法在古代有效，到现代则未必。孩子逃学是一个老问题，当年孟母以"断机"纠正孟子，收到效果；武训的办法是向逃学的学生下跪。这些方法恐怕都太"古典"了。有一个学教育的朋友说，他在教育学家的著作里找到许多矫治逃学的方法，但是没有一个方法绝对灵验，我们还得找寻新的方法。人生有些问题从前有，现在有，将来仍然有，不能像消灭疟疾一样使它绝迹，人除了习用旧方法还得"发明"新方法。

一如我们在以前各章所述，大部分文学作品描写人内在的心思、外在的行为，人受到外界刺激所产生的反应，人如何应付挑战，接受挫折，追求希望，表示快乐。文学作品也表现：那人为什么这样做？为什么用这样的手段去达到那样一个目的？他成功了还是失败了？他的成败对我们读者有什么意义？这样的作品无异对"人怎么活"和"为什么活"提出答案。"怎么活"是题材，"为什么活"是主题。作家把人生经验制成标本，陈列展览，供人欣赏批评，给人警诫或指引。作家取之于人生，又还之于人生，和广大的读者发生密切的关系，有重要的贡献。我们可以从这个角度观察作品的价值，初级的作品写出某一个人的问题，中级的作品写出某一群人的问题，高级的作品可能写出全人类的问题。

如果你想写小说或剧本，你最好先找到一个问题及其解决方法做核心题材，如果你找到一个新问题，或解决老问题的新方法，你就能写出新颖的作品。如果你找出当代共有的问题，你的解决方法能够代表当代人的意向，你就可能写出杰出的作品。所谓解决方法并不是说成功地解决了问题，而是说试过，努力过，即使失败也好。这样的作品一经出现，它就使读者想起来有这么一个问题，使一些读者想用它的方法解决同样的问题，使许多人衡量那个方法是不是很适当，这就是作品在艺术价值之外的社会价值。

作品影响人们的行为，最容易从细节小处看出来。一位日本作家写过一篇散文，其中提到火车乘客怎样预占座位，他说大家在月台上排队登车，有人估量等到自己上车时已无位子可坐，就悄悄地走上前去，靠近车窗，预先把自己的草帽塞进去放在座位上。那些比他先上车的人看见座位有个草帽，以为那是更早到一步的人留下的标志，就让那个座位空着，这样，草帽的主人尽管姗姗而至，却可以拿起帽子入座。这篇文章经人在中国翻译发表之后，有些中国人知道了这个方法，立刻仿照办理，别人不赞成这个办法，也无可奈何。

后来有一个中国人写了一篇文章，他说他上了火车以后，发现车厢已经客满，可是还有一个位子空着，上面放着一顶草帽。他知道这是后面有人取巧，就把那顶草帽拿起来，朝着车厢另一面的窗外用力一掷，毫不客气地坐下，不久，他看见有一个人走进车厢，东张西望，在他身旁逡巡不去，欲言又止，样子十分可笑。他料定此君就是草帽的主人，此君自知理亏，不敢争座，也不敢追问帽子的下落，只好怏怏地站在那儿，此文一出，传十传百，多少人都用这个办法对付预占座位的人，竟把这一种取巧的行为革除了。

电视里面的暴力场面，是否会诱发社会上的暴力犯罪，一度颇有争论。正在双方各执一词的时候发生了一件事：电视剧演出两个男童研究怎样不打破扑满而能把里面的硬币取出来。那个年龄较大的男童到洗澡间去找父亲刮脸用的刀片，他把薄薄的刀片插进扑满的投币孔，把扑满侧过来轻轻摇动，使扑满中的硬币落在刀片上，再把刀片轻轻拉出来。这确是一个有效的方法，五天以后，台北市的外科医生突然忙碌起来，许多家长带着孩子求诊，症状一律是刀片割破了孩子的手。

经常参加会议的人可能有如下的经验。会场摆着"冂"形的长桌，大家面对面坐着，你对面的人忽然要做笔记，然而发现自己没有带笔，就伸手向你借，你把你的钢笔借给他，散会时，他忘了这是你的笔，你也忘了有笔出借，第二天，你忽然发觉钢笔不见了，丢到哪儿去了？再也想不起来。他也忽然发觉衣袋上插着一支钢笔，这是谁家之物？也毫无线索。失笔的人和得笔的人都觉得惘然怅然。怎么办呢？有人想出法子来，他说，当有人向你借笔的时候，你把笔帽取下来握在手里，只把笔身借给他，这样显得分外周到，等他写完了，会散了，他想把笔插进自己的衣袋上，他会找不到笔帽。笔帽在哪里？在你手中，他会想起这是你的笔。我怎么知道这个办法？因为我读到一篇文章，自从那篇文章发表以后，我在会席上留心观察有笔出借的人，他们大都把笔帽和笔身分开了。

有一位朋友慷慨好客，入不敷出，欠了不少债。他知道借钱给他的人都缺钱用，周转困难。他为如何还债发愁，中宵失眠，随手拿起一张报纸排遣，看见一个小故事：

某甲知道自己在明天上午必须把一笔款送到银行里，存进某乙的账户，否则某乙势将信用破产，后果严重。可是某甲没有钱，他欠某乙的钱还不出来，左想右想了一夜，他忽然想通了："我何必睡不着觉？我干脆上床睡觉，明夜让某乙去失眠好了!"于是他上床呼呼大睡。

我的朋友看到这里恍然大悟,如释重负,也立即倒头便睡。

以上每一个例子都包含一个问题和一个解决的方法,而背后又有作者对人生的态度。首先,我们可以问,为什么要用预置草帽的办法占领座位?在车上站着或坐着究竟有何区别?为什么要为了自己的一点儿方便破坏依次就座的公平原则?作家应该给他的人物一个理由。也许,"老老实实排队的人都是傻瓜,我才不干哪!"。事实证明他有理,从这里面可以看出作者对社会秩序的失望。

也许你可以写,那人用草帽占座位是为了他怀孕的太太。我们也许要问:满车乘客难道没有一个人肯把座位让给孕妇?很不幸,那丈夫的经验正是如此。有些东西本来应该属于你,但是往往要你自己设计巧取才可以得到,不能依赖别人的风度。倘若如此写,可以看出作者对人际关系的失望。

但是有人会识破预占座位的狡计,把帽子掷出窗外,使那人既失去座位也损失帽子。我们可以问,为何不把帽子拿在手中,等帽子的主人走进车厢,对之好言相劝?我们知道这种解决有失精彩,也知道作者要无言地表示:不合理的行为往往引发不合理的行为,对付"不合理"最好的方式,也许是报之同样的不合理。这又涉及对人生的态度。

也许以上两个情节可以合并。一个人为了怀孕的妻子,预占座位;另一人不由分说把座位据为己有;等到发现最后上来的孕妇再起身让座,结果,预占座位是多余的,惩罚预占座位的人也是多余的。人生远比某些人想象的要复杂得多,所以人与人之间常有误会,这又是一种态度。

由此可见态度和方法(原则和技术)的关系并不单纯。很可能:一、态度是对的,方法是错的;二、态度是错的,方法是对的;三、态度和方法都对;四、态度和方法都错。其中"态度和方法都对"一类作品常被人誉为纯正。但读者会问:纯正作品里的好方法是不是实际有效的方法?如果作者的想法是希望我照着做,它能不能解决我的问题?如果"好方法"不切实际,经不起实践,则读者宁愿接受一个坏方法。纯正作品的影响力往往难以令人如意,原因在此。

在理论上,作品最好含有"又好又有效"的方法。这话大概没有问题。但是不如意事常居八九，倘若不能两全其美，作家怎么办？作家通常并不是读者的智囊，当人生当中缺少一个好方法时，通常不是由他发明。他该把那个有待解决的问题搁置呢，还是为了解决问题而不计任何方法？读者是应该忍受问题存在，还是宁可在问题解决以后忍受其后遗症与副作用？何去何从？常常引起有关人士的辩论。

作家们对此颇有不同的意见。有些人指出，作品对问题的解决乃是艺术上的解决，并非事实上的解决，文学艺术是"非功利的""非实用的"。如果一篇小说的结局是主角杀人，并非意味着事实上有此需要，而是如此安排有更好的艺术效果。《老虎与美人》里面，国王为了惩戒正在恋爱中的一个青年，迫使他在虎柙之前冒险，那不过是要在悚栗震撼中显示命运的诡秘莫测，而非表示国王所用的办法可以推广。另外有些人认为把人类的错误、愚蠢揭露出来，使世人知所警诫，也是文学的一种功能。如果一篇小说的结局是杀人，其效果也许是使读者心中消弭杀机。

这些话当然很对，不过容我指出，作家的用意本来可能是警世，但有时亦往往适得其反，刘伶"醉死"，何足为训？

但世上岂乏追慕"大人先生之风"的酒徒?多年前有一"神偷",不知作了多少案子,后来忽然悔改信教,到处演讲教人如何防贼。他的演讲很有独家之秘,但据说,有许多小偷追随听讲,从中吸取经验,改进自己的技术。坏人的进步总是比较快些。有人告诉我,他已搜集了二十种考试作弊的方法,皆有奇效而鲜为人知,他要用每一种作弊的方法作题材写一个短篇,然后结集成书。他辩称这是把弊端公开,使监考工作严密公正。我问:这如何能使学生不买这本书,只有监考的先生买这本书?我追问:你写这本书时心目中潜在的顾客究竟是学生还是老师?他不能答复。

保存人生经验是文化大事,有些经验尤其是情感方面的经验,要靠文学作品保持传递。历来有一种主张,如果某些经验足以助人为恶,作家就应该把那经验隐瞒起来。但是,站在作家这一方面看,隐瞒、粉饰、涂改人生经验,可能要伪造人生,结果不免贬低文学的地位,使作品的素质下降,作家总是持文学本位的。再者,每一作家都会设想:我个人牺牲文学上的目标,别人是否也一样?如果只有我一人牺牲让步,徒然逊人一筹,于社会人心何补?作家总是持个人本位的。

我想，作家必须守住他的岗位，即使受人误解，受人恶意批评，也在所不辞。但是，倘若作家从人生中汲取的是浊水，倒入人生之中仍是浊水，终非伟大的作家。我们希望他能以艺术造诣、人格修养、思想境界蒸馏那水，过滤那水，变浊为清，再还给湖海江河，他提高了人生，也提高了文学。作家表现人生，并不是像从山上搬一块石头那样展示给读者，而是像蚕吐丝那样出自胸中，人生先进入作家的心灵，再化为物质媒介，然后这媒介再进入读者的心灵，即使人生龌龊，只要作家的心胸不是龌龊的，作品就不会龌龊，只要作品不龌龊，读者的心灵就不会龌龊，至少不会增加龌龊，其间绝未伪造，只是升华，绝非隐瞒，只是转化。

再谈人生

"取法乎上,仅得乎中;取法乎中,仅得乎下。"如何才可以得乎上?对于有志从事文学创作的人来说,这是一个耐人寻味的问题。

我们都听说过,如果学李白,你充其量不过是李白第二,是一个冒牌的李白;如果你学杜甫,充其量不过是杜甫第二,是一个冒牌的杜甫。如果你必须学李杜,李杜又学谁呢?如果"李侯有佳句,往往似阴铿",阴铿的成就又为何远在李白之下?如果李杜学《诗经》,学《楚辞》,《诗经》《楚辞》的作者又学的是谁?这样追问下去。就发现那些大作家多半没有一个真正的师承。有人说:"如果他们也有老师,他们的老师就是上帝。"

上帝，对于信仰基督教的人来说是一个完备的答案，对于没有宗教信仰的人来说只能是一个比喻。冥冥之中确有一种"莫之为而为，莫之致而至"的运作在启发作家，造就作家，作家若肯追求它，探索它，就会得到它的成全。它是那么丰富、广大、美妙，作家在它里面，它也在作家里面。它是什么？它就是人生和自然。画家常说"法自然"，在他们笔下，"自然"包括人体的动静姿势、哀乐表情，是已将"人生"纳入自然。文学创作者常说"取法人生"，在他们笔下"人生"包括生存的环境，是已将"自然"纳入人生。人生和自然"先于"作品，是作品的原料，作品后出，"高于"人生和自然，因此有人说文学创作"取法乎下，可得乎上"。

作者取法人生可以分作三个层次。第一个层次也是最基本的一个层面，是在人类生活的具体细节上忠于人生。如以江海比人生，这些细节是水的分子，如以建筑比作品，这些细节又是殿堂的砖瓦木石。例如人生中有许多灾害，其中之一是火灾，一场火灾可以分解为火的颜色，火的热力，火的形状，火的亮度，火的声音，火的气味，火的破坏力；而破坏力又可分解为被火烧焦了的尸体，烧弯了的铁架，烧裂了的墙壁，烧熔了的玻璃，以及一律化为灰烬的字画。这些经过分解得到的小小单位,正是作家不容放过的对象。作家比照火灾的经过写火灾,比照死亡的情景写死亡,比照后死者凭吊的情景写"近泪无干土",比照风露中宵的感受写"玉阶生白露,夜久侵罗袜",比照空闺少妇的情怀写"心怯空房不忍归"。这些都是取法人生从小处着手。

这第一层次的取法人生,可以说就是在状物、写景、记事、言情等方面下基本功夫,写出鲜明、生动、突出的意象来。这一步做了,即使写荒诞的故事,仍可以造成真实的感觉。神话里面说有一个神怪有三只眼睛,而且当中的一只眼睛特别明亮凶恶。这是荒诞的,我们在人生中从未见过这种生理构造;但是,在实际的人生里,"一星如月看多时"近乎怪异,而死不瞑目或睡熟了仍然睁着眼睛都是可怕的画面,作者只要有能力写"死不瞑目"的可怕和"一星如月"的怪异,就可以写三只眼睛引起的恐怖。

"取法人生"的第二个层次,也就是中间的层次,是从人生里面找出一些法则来作文学的法则。例如说,在实际的人生里面"以讹传讹"是常有的现象,人有依照自己的经验、想象与趣味歪曲事实的"本能",经过有口才的人加油添酱之后，众口流传的"事实"往往比原来的事实真相引人入胜或另有一番新意。把这个法则搬到文学里面来就产生了"改编"。如果我们一口气重读《长恨歌传》《长恨歌》《梧桐雨》《长生殿》，就可以看出后之来者踵事增华的贡献，确信改编为一次再创作。向人生寻根，即是把"所闻异辞""所传闻异辞"变成艺术。

在实际的人生里面，用固定不变的动作或言辞去对付变动不居的客观情况，往往会闹笑话。传说中有一个学习理发的小徒弟，每天拿着剃刀在葫芦上练习"刀法"，师娘如在此时高声使唤，他就把剃刀插在葫芦上起身应命，如此这般习以为常，不假思索。有一天他真正替顾客剃头了，而此时师娘偏偏又高声叫他，他就照例拿剃刀往顾客头上一插。这就是用固定不变的动作去对付变动了的情况，使旁人传为笑谈。这个法则移入文学，成为喜剧手法的一种。小仲马的《私生子》一剧，描写一个人一向和他的私生子以叔侄关系相处，儿子对父亲的称谓一向是叔叔。经过许多周折之后，彼此的关系弄明白了，父亲对儿子说，以后若没有第三者在旁，你可以叫我"父亲"，我可以叫你"儿子"。这时舞台上只有他们二人，那私生子忘了改口，依然恭恭敬敬地答应:"是!叔叔!"戏剧里用"机械化"的动作或言辞制造出来的笑料何可胜数!追本溯源是取法人生。

塑造人物典型也是遵照人生法则行事的。在人生里面,人的性格放之则为行为,人的行为聚之则见性格。塑造典型就是把某一类行为聚在一个人身上。"第一人称小说不得直接描述主角不在场之事件"也是出于人生的法则。在实际的人生里面有人正在密谋如何陷害"我","我"蒙在鼓里自然不会知道,除非有人跑来告诉我。不过第一人称小说另有一项法则,即尽量不写主角不能在场的事件,如果有人密谋陷害"我",最好写成"我"心存警惕,步步察觉,或者"我"在莫名其妙地受害以后回首前尘恍然大悟。这样写,小说才有重心,要有重心则事件只有集中在极少的人身上。古代的小说往往没有重心,"重心"是后来小说家"取法人生"加以改进才有的。有人说,人生不是诗,要纳入诗的法则才是诗;人生不是小说,要纳入小说的法则才是小说;人生不是戏剧,要纳入戏剧的法则才是戏剧,诚然。不过这些法则不是凭空捏造的,是从人生的法则移来的。有人说,《水浒传》不是施耐庵写的,是天地间本有一部《水浒传》，施耐庵不过适逢其会。这话可以用第二层次的"取法人生"加以解释。

第一层次的"取法人生"是小处着手，第二层次的"取法人生"是大处着眼，第三层次的"取法人生"是心领神会，整体贯通。这是最高的一个层次。在这个层次上，文学家从人生中取来了大经大法：

第一，人生是一条生生不已的大流，相生相成，相激相荡，滚滚不息，赓续不断。全人类的经验是一条长流，一个民族的经验也是一条长流，一个人的一生经验又何尝不是？"逝者如斯夫，不舍昼夜！"这句话表现了人生的赓续性。人生就是这样滚滚滔滔，永不干涸，永不停滞，永不断裂。

一篇好的文学作品，往往或者应该具备这个赓续性。长篇小说"江河万里，挟泥沙以俱下"，虽有缺点，不掩盖它的此一特性。小品小令，如涓涓细流，量虽少而特性依然，文学作品由许多意象、许多事件组合而成，难免有若干"接榫"，甚至作者有时故意省略了某些意象，使前一意象和后一意象的连接失去逻辑关系。但，由于作者能唤起读者的联想，激起读者的情感，以至在读者心目中结构上的一切痕迹都泯化消失了。再加上好作品在节奏和气势方面都有成功之处，节奏和气势会引导读者的情感和想象如水载舟顺流而下。此外我们不会忘记好作品能引起读者理性的活动，它打动读者的思想，思想可以使情感更充盈强劲，作品也因此更奔腾有力。这样的作品在开头的部分给读者的感觉是"黄河之水天上来"，一条生生不已的大流并非由此处开始，它在结尾的部分给读者的感觉是"江流天地外"，这条生生不已的大流也并不在此处穷尽。这种作品的内容安排也往往"相生相成，相激相荡，生生不已，赓续不断"，一如人生。

第二，人生是多元的，能从不同的角度加以组织，用不同的观点加以解释。因此，尽管"人心不同，各如其面"，人人大多能找到安身立命的"点"。尽管人生本身不说话，却能给我们许多暗示和启发。我们的知识阅历越多，从人生得到的领悟也越多或越深。关于人生之多元，可以从"史观"之多看出来，"历史一部，史观十家"。我这里且举一件亲身经历的小事：有一天我走在马路上，忽然一只小虫飞入眼里，再也弄不出来，一时热泪直流，隐隐作痛，无法继续行进。恰巧道旁有一家眼科诊所，遂入内求医。交费挂号之后,医生手到病除,眼前只见黑影一闪,立即霍然。当时觉得这么一个难题在医生手里这么轻而易举解决了,足见学问知识能够济世,专家可贵。那天本有一个约会,经过一番耽搁,到得很迟,只有向主人解释一番,主人说:"人生中充满意想不到的事,我们随时得有心理准备。"这是他的看法。后来一位客人问我因何迟到,他得知原委后表示:"那个眼科诊所收费很高,不过医道不错,要解除痛苦就得舍得花钱。"这又是一种看法。这么简单一件小事,其含意竟如此丰富!

好的文学作品取法人生,使人横看成岭,侧看成峰,能容纳读者不同的生活经验,容许不同的思想活动。欧·亨利的《圣诞礼物》,丈夫卖表给太太买梳子,妻子却卖了长发给丈夫买表链,有人读了称赞这一对夫妇在穷困中没有失去爱情,有人则认为这个故事对耶诞习俗的虚伪无聊有所讽刺。莫泊桑的《二渔夫》有人列为爱国小说,有人列为反战小说。唐诗"玄宗回马杨妃死,云雨难忘日月新。终是圣明天子事,景阳宫井又何人",像是谴责玄宗,又像是称赞玄宗。莎士比亚的剧本《威尼斯商人》中一磅肉的故事,写一个犹太人专门放高利贷,契约上载明如果借钱的人到期不还要割肉赔偿，双方因此涉讼。但是欠钱的人请了高明的律师出庭，律师说契约上只载明要肉没有说带血，只要不带血，债权人可以割肉。结果那放款的犹太人输了官司，受了处罚，大家都说这个剧本是讽刺唯利是图的犹太人，可是也有人说这个剧本描写犹太人受压迫的情形，对犹太人表示同情。谈到这里不能不提一下《红楼梦》，这部小说的主要思想究竟是儒家、道家、佛家，还是阶级斗争？各持一说，莫衷一是。

第三，人生是万古常新的。尽管有人说"日光之下无新事"，说"日长日短皆如梦，花落花开总是春"，那是少数人的想法，或是多数人一时的心情，不是造化的意思。造化使百花年年开放，每一次开出来的都是新花，与往年不同，与以后也不同。造化使代代生人，每一个呱呱坠地的婴儿都是新人，都有新的一生，和他的父亲、祖父不同，和他的兄弟姊妹也不同。人应该在每天早上抖擞精神迎接这新的一天，除非他的精神萎缩了，退化了。那也只是少数人，如果大家都那样，人类也就不能由石器时代演进到电子时代了。

作家应该完全承袭这种求新的精神。作家的贡献在创新，作品的生命也在创新。创新是要写出不同的东西来，和别人写的不同，和自己以前写的也不同。创新不是标新立异，而是力争上游。创新也许失败，但是守旧一定不会成功，"旧"只是看守、重复别人的成功。创新不易，但是一部文学史告诉我们此事完全可能。人生常新，芸芸众生或多或少都有创新的能力，他们的人数那么多，这就造成了人生的多彩多姿，丰富变化。作家随时可能在前述的第一层次上找到新，成为"第一个用花比女人"的人。作家也可能在前述的第二层次上找到新，成为第一个打破三一律的人。

有人说文学作品的故事内容不出三十六种，这话并不可靠，因为供统计之用的作品有限，例外和遗漏太多，而且做统计的人排除故事的特点而就其共同点加以归纳，当然造成雷同。有人问一位剧作家："你的下一部戏是什么故事？"回答说："第一幕，一个男人追求一个女人；第二幕，一个男人追求一个女人；第三幕，一个男人追求一个女人。"那么这三幕情节有何不同？"男人是一个，每一幕换一个不同的女人。"那么这三个女人又有何不同？……这样追问下去才可以查明这个剧本有没有特色，这样必能找到第三十七个故事，第三十八个故事，无数个故事。在内容方面，作家的创新绝非三十六或六十三之类的数字所可概括。而且除了内容以外还有形式方面的创新。至今还没有听说文学作品一共有多少种结构式，这个数字也许不可能产生。

以上三个层次都很重要。缺少第一层次的功夫（人生细节），作品有欠真实，但若偏重第一层次，作品则失之琐碎。人生中固然充满了琐碎的小事，但值得我们取法的地方并不在此。如果只有第二层次的功夫（文学法则），琐碎的事物纳入法则，作品又可能陷于机械呆板。好作品同时到达三个层次，在最后最高的层次上作品包容琐碎而熔冶琐碎，遵守规律而活用规律，到达所谓化境。这样的作品虽曰取法人生，其实入而复出，自划领域，和人生足以分庭抗礼。写出这种作品的作家已得乎"上"。

作品的境界

有学问的人阐述"境界",常常引用王国维先生的《人间词话》:"词以境界为最上,有境界则自成高格,自有名句。"据说这是王氏的创见,学界尊为"境界说",不但成为说诗评词的准则,也用以衡量散文小说。

"境界"本来就难懂,《人间词话》对这个术语的内涵没有明确的界说,演绎发挥又语焉不详,越是说到重要的地方越是模糊不清,以致我当初一时难以领会。"境界"既然如此重要,《人间词话》又是"境界说"的经典,我也只有钻研窥探,看看能得到多少帮助。

在《人间词话》里面,"境界"虽然没有清楚明白的定义,但是他列举了许多"有境界"的名句,我们可以研读品味

这些名句,自己体会什么才是境界。王氏标举的句子是:

> 红杏枝头春意闹。
>
> 云破月来花弄影。
>
> 泪眼问花花不语,乱红飞过秋千去。
>
> 可堪孤馆闭春寒,杜鹃声里斜阳暮。
>
> 采菊东篱下,悠然见南山。
>
> 寒波澹澹起,白鸟悠悠下。
>
> 落日照大旗,马鸣风萧萧。

这些句子都是具体的描绘,也许王氏的境界,就是近人所说的形象或者意象?诗词忌抽象的说明,我倒是听得懂。王氏说,红杏枝头春意闹,这个"闹"字写出境界来,云破月来花弄影,这个"弄"字写出境界来,我了解,正是因为有了这两个字,形象更具体也更鲜明,仿佛人的喧哗取宠和搔首弄姿,跃然纸上。

我是否可以跟着说,"但愿人长久,千里共婵娟"有境界,"千里共佳节",没有境界。"曲终人不见,江上数峰青"有境界,"江上风景好",没有境界。"壮年听雨客舟中,江阔云低，断雁叫西风"有境界，"东奔西走，有失落感没有成就感"不成境界。

这就难怪，有些句子，像张孝祥的"追想当年事，殆天数，非人力"，像刘过的"人间世，算谪仙去后，谁是天才？"，像辛稼轩的"怨无大小，生于所爱，物无美恶，过则为灾"，虽然都出于一等一的名家之手，恐怕也在王国维的"境界"里没有位置，因为都是抽象的论述。

仔细想，并非一切"具体的形象"都可以称为"王国维的境界"，照《人间词话》所举的例句看，它还得有一个条件，能够兴起美感。前贤说过，总有一些形象不能入画，不能入诗。谁愿意去画一个严重中风、嘴歪眼斜的面孔？即使他劝人注意养生，也不能如此手辣。谁愿意拿起照相机对准一摊模糊的血肉？除非他是办案的刑警。人间多少食之无味的菜，视之无味的景，听之无味的声，遇之无味的人，偏偏也有作家津津乐道。如何能够认识、得到、运用"能兴起美感的具体形象"，我们得用心寻找答案。

《人间词话》论境界，举例以摘句为主，"造句"并非写作的终端工程。我记得，一首词，若是字数很多，即所谓"长调"，大概不会每一句都是具体的形象，其中总有一些句子是抽象的论说或概括的记叙,整首词反而因此更有境界。到了字数更多的文体——小说,更是抽象和具体交错跃进,整篇形成一个境界。这个整篇形成的境界,比那一句一句表现的境界,是不是更重要?

且看秦观的《鹊桥仙》,写每年七夕牛郎织女相会:

> 纤云弄巧,飞星传恨,银汉迢迢暗渡。金凤玉露一相逢,(具体)
> 便胜却人间无数。(不具体)
> 柔情似水,佳期如梦,(不具体)
> 忍顾鹊桥归路。(具体)
> 两情若是久长时,又岂在朝朝暮暮?(不具体)

整首词以连续的具体描绘构成,如同无声电影,其中穿插不具体的成分,如同无声电影的旁白,有了这些旁白,这首词境界全出,情人内在的空间大于外在的空间,对这天上地下无处容身的爱情,开拓了独立自足的精神世界。

再看苏轼的《水调歌头》,写他在中秋之夜饮酒赏月的一番情怀:

明月几时有？把酒问青天，（具体）

不知天上宫阙，今夕是何年。（不具体）

我欲乘风归去，又恐琼楼玉宇，（具体）

高处不胜寒。（不具体）

起舞弄清影，（具体）

何似在人间。（不具体）

转朱阁，低绮户，照无眠，（具体）

不应有恨，何事常向别时圆？（不具体）

人有悲欢离合，月有阴晴圆缺，此事古难全。（不具体）

但愿人长久，千里共婵娟。（具体）

这首词具体描绘出一个虚清空明的小世界，苏东坡安顿了自己的身心，很有境界。倘若仅仅如此，未免单薄，有那些近乎抽象议论的句子，增加了厚度，耐人咀嚼。我们读那些标示为"具体"的句子，感觉如同"起舞弄清影"，读那些标示为"不具体"的句子，感觉如同"我欲乘风归去"，这一趟忽高忽低的神游，最后乘着降落伞缓缓落地。

正是我要追求的阅读经验,也可以称之为我希望达到的作品境界。

《人间词话》一开头就提出"有境界则自成高格,自有名句"。在这里,"自成高格"四个字,也许指的是整篇的境界吧?可惜他在这方面落墨不多。《人间词话》好像只注意境界的大小,这里出现了一个"高"字,是否表示他也认为境界有高有低?很可惜,他在这方面没有大大发挥。对我们学习写作的人来说,"境界"不能以警句代表,也不能到审美为止,我们面临的问题比这个多。有学问的人为了解决问题,管境界的大小叫"格局",管境界的高低叫"意境",把"境界"一词中立化了,回头看,在《人间词话》里,境界好像本来就是一个中立化的字眼?

《人间词话》所说的境界,也许可以称之为美感的境界,景况现象能够满足美学上的要求,始得称为境界,所以词话只谈境界之有无,不谈境界之优劣。文学作品除了美感的境界,应该还有一个"意义的境界",因为语言文字是有意义的,意义的境界可能对音乐不重要,对文学重要,可能对文学里面的诗不太重要,对小说散文就十分重要。这方面,《人间词话》有一段话引人注意,它说,宋徽宗、李后主,都是亡国之君,都有作品留下,徽宗的作品仅是自悲身世,后主的作品俨然有基督、释迦担当人类罪恶之"意","其大小固不同矣"。我好容易盼来这个"意"字。叶嘉莹教授论后主,引了《人间词话》的这段话,加以解释发挥,在她的评论文字中除了"其大小固不同矣",还添上一句"其高下固不同矣"。我好容易盼来这两个字,"高下"。后主作品究竟何处有担当人类罪恶之意,姑置不论,国维先生到底也指出关怀众生比斤斤个人祸福要"大",叶嘉莹教授更进一步点破,这个样子的李后主比那个样子的宋徽宗要"高"。顺水推舟,我也可以大胆直言,美感境界无优劣,意义的境界有高下。

据说,当年楚王出去打猎,遗失了心爱的弓,左右要派人寻找,楚王认为这是楚国人的弓,就由楚国人捡去吧,不必找了。这个故事叫作"楚弓楚得"。在这个故事里面,"楚王的弓"是一个境界,"楚人的弓"是另一个境界,一般认为"楚弓楚得"的境界比较高。

据说,孔子听到了这件事,他有评论,他说这张弓是"人"的弓,不论是哪国人捡了去都好,何必一定要楚人?他打破"楚弓楚得"的局限,提出"人弓人得"的思维,这又是另一种境界，一般认为孔子的境界更高。

由"王失王得"到"楚失楚得"，再到"人失人得"，好像圈子越画越大，见解也越来越高，仿佛"大"跟"高"有牵连，"欲穷千里目"，你得"更上一层楼"。所以"境界"的形容词除了有大有小，还有高有低。宋徽宗的境界不过"楚弓楚得"，后主（依王国维先生所说）可能超越"人失人得"了。作家大都追求更高的境界。

美国号称基督教国家，我们来到美国，入境问俗，都对基督教有相当的了解。基督教的《圣经》分《旧约》和《新约》，在旧约时代，犹太人是上帝的选民，只有犹太人可以上天堂，这个境界比较低。到了新约时代，世界上的人都是上帝的儿女，都有资格上天堂，可惜你把资格弄丢了，我来帮你恢复，这个境界就比较高。

美国有很多种奖券，像劲球奖，奖金很高，谁中了头奖，立刻成为新闻人物，记者登门采访，照例问他怎样用这笔钱，有人说，有了钱可以做很多事情；有人说，有了钱可以不做任何事情。有一个老太太，她中了一个小奖，美金一千五百万，她把这笔钱捐给当地的教堂了，一文也没留下。新闻记者也常常追踪这些中奖暴富的人，看他们三年以后怎样了，五年以后怎样了，发现有人做公司老板了，做基金会主席了，也有人离婚了，破产了，吸毒了，你看，不一样的人，不一样的境界。

我们在日常生活中常常碰到境界高低的样相，文学作家对这些样相十分在意。芸芸众生各自活在或高或低或大或小的境界里，好比高山上的生物一样，高山由山脚到山顶，气温不一样，山脚是热带，往上走是暖带、温带，山顶是寒带，各个温层的动物植物并不相同，例如亚热带的阔叶林，到寒带就看不见了；有些鸟生活在海拔高的地方，不会在海拔低的地方安家，他们各有其境，各自为界。

人生境界由低到高也分层次，就拿金钱财富来说，豪门子弟炫富，傲慢，放话出来，"有钱就是要让人嫉妒才过瘾"。可是另外一个更有钱的人，生活俭朴，热心公益，他说钱是上帝的，我只是个管家。有人退休了，非常无聊，朋友愿意带着她一同到养老院做义工，她说："我为什么要去喂那些老人喝汤？我对自己的父母也没做过。"她的朋友说："我正因为当年没有机会侍奉自己的父母，今天才去帮助没有子女侍奉的老人。"人跟人不一样，有人走在人行道上，迎风有落叶扑面，他伸手一挡，抓住了一张奖券，他看也没看，随手顺风一丢，他说我不相信偶然。换一个人，他随手抓到一张奖券，今天开奖，他不去上班了，财神爷到了，也许从此不必再打卡签到，他回家守住计算机等开奖的号码。

我们在日常生活中常常碰到境界高低的样相，因此在写作时也常常有境界高低的考虑。教堂在牧师证道的时候，照例请听讲的人捐钱，执事者用很长的竹竿挑起一个小口袋，伸到每一个听讲的人面前，让他们把钱放进去。想当年使用铜板的时候，捐钱的人要把钱握在手中，不让别人看见数目，要把手伸进袋中，轻轻放下，不让人听见数目，防止捐钱多的人炫耀，也体谅捐钱少的人，保护他的自尊心。

于是出现了一种状况，有人把空空的拳头伸到捐款袋中去，暗中伸出食指中指，偷偷地夹带一个铜板出来，装进自己的口袋里。这就可以看出境界的高低，放钱进袋的境界应该高于取钱出袋的人。

马路旁边，常有乞丐坐在那里等待施舍，路人的反应不一，有人昂然越过，认为与他无关，有人把手伸进口袋，摸着钞票，为己和为人在心中交战，那只手到底没有伸出来。有人掏出一分钱一枚的硬币，这玩意儿还有货币的价值吗，沉甸甸的是个累赘，现在既可行善，又可以减轻负担。有人无意中收到一张十元的假钞，他如果用它买东西，店员可能立刻报警，所以一直放在口袋里发烫，好了，现在丢给他吧，由他去碰运气。形形色色，都是高下不同的境界。

人类毕竟和草木禽鸟不同，人可以登山，由山脚登上山顶，见识各种境界，人也可以搬家，选择改换自己的境界。《人间词话》提到李后主的境界，后主在亡国之前也是寻常词人，亡国以后才"眼界始大，感慨遂深"。小说家言，武松晚年住在西湖边上，他说如果是今天，我就不去打死景阳冈的那只老虎了，他改变了境界。老虎伤人，不打虎，就得想个办法安置它，我们生逢现代，知道有动物园，知道亚洲虎是稀有品种，应该保护，也许武松因为打虎就发配了，不用等到杀嫂。杀嫂也多余？血溅鸳鸯楼也多余？社会进步，现代人的境界有时比古人高。和珅是个大贪官，在他身上，贪污成为传奇，据说他家很穷苦，为了救穷救急向人家借钱，受了许多屈辱。后来有了权势，爱金银财宝永不满足，境界很低，他实在是一个病人，他的病没能治好，境界始终没有提高。20世纪30年代有位名作家，小时候家境也不好，他很羡慕别人穿皮鞋，母亲为了筹钱给他买一双皮鞋，吃了很多苦，后来他终身不穿皮鞋，也恨有钱的人。终身不穿皮鞋，境界高；恨有钱的人，境界就低了。他的作品处处同情穷人，可以提高读者的境界，他又同时仇富，这就相反了。

一个人阅历有限，文学作家把各种境界展示出来给大家看。引导住在山脚下的登山一游，也许，人就因此提高了自己的境界，至少，人就因此可以欣赏别人的境界。所以作品讲究境界，作家要提高、扩大自己的境界。可惜许多有名的作品，许多受人尊敬的作家，都没有这样做。

有一个小说人物，他叫阿Q。他没有家庭，住在破庙里，他没有受过教育，没有职业，给地主家打零工活命。他瘦小伶仃，活得很窝囊，最后糊里糊涂被判了个死刑。阿Q的智商很低，身体也不强壮，既不能巧取豪夺，也不能牺牲奉献，他活在世界上，简直是造物者的恶作剧。文学批评家众口一词，都怪阿Q受压迫还不革命，一口咬定阿Q具有中国人全部的劣根性，可怜之人必有可恨之处，这是小说家的境界还是批评家的境界？革命？就凭阿Q那块料，你教他怎么革命？听说过没有，革命党人是特殊材料造成的，阿Q即使进了革命阵营，也不过是前胸后背绑上炸弹，找个人多的地方，"轰隆"一声来个血肉横飞，那样的阿Q未必可爱。阿Q是革命家拯救的对象，革命是悲天悯人，你首先要悯的，就是他这种人。革命家见了这样的人，应该想起自己的责任，而不是把责任加在他身上。

我们的新文艺运动本来反对用典，发展到今天，也有了自己的典故，"人血馒头"就是其中一个。当年有些人相信馒头蘸人血吃了可以治肺痨，每逢有死刑犯砍头，总有人能够用馒头去蘸死者的血，也总有肺痨病人的家属在法场外面等着购买。这天有一个革命党人抛头颅洒热血，那买到热血馒头的老头儿，对先烈慷慨成仁无动于衷，心里只想让他的儿子药到病除。批评家说：你看，仁人志士牺牲的时候，有人趁机会坐收红利，这等人多么愚蠢，多么自私，多么可恨可耻，革命先烈又是多么悲哀！

这是上一代批评家定下的调子，我们接受，但是不满足。请勿忘记，肺痨在当年是不治之症，那年代，越是治不好的病，偏方越多，偏方代表病人全家的焦虑、挣扎、绝望中的幻想。请勿忘记，一个老头儿，为了他的儿子，不知道要托多少人，打听什么时候有人杀头，为了他的儿子，不知要花多少血汗钱，才买到他心目中的奇货。请勿忘记，有些乡下老头儿，白天劳苦了一天，夜里不能好好地休息，披星戴月进城去，打躬作揖看人家的白眼，然后紧走慢走赶回家去，来到儿子的病床前面，小心翼翼从怀里取出馒头来。当然，我们不会忘记，人血馒头非但不能治病，而且可能传染疾病。烈士的在天之灵如果知道了，他会怎么想？我立下弘誓大愿，救国救民，出师未捷身先死，如果最后我的血还能救他的儿子，那有多好，化作春泥更护花，可惜不能！烈士会引以为憾。这一切，我们当年的批评家完全忘记了！他没有这个境界，他那样教育了读者，那一代的读者也多半没有这个境界。

《山海经》里面有"夸父逐日"的故事，夸父是个半人半神的大力士，他和太阳赛跑，结果热死了，渴死了。这个故事本来很简单，最早的版本只说夸父追赶太阳死在半路上。后来有人补充，夸父临死的时候把手杖抛出去，他的手杖化成一座桃林，桃林不但有阴凉，还可以结桃子供人解渴，境界提高了。再到后来,夸父不但手杖化为桃林，眼睛、头发、骨骼，都变成永恒的东西留给后世，境界更高，很有今天器官移植的意味了。时代进步，今人的境界有时候高过前人，作家也要冲破前人设定的境界天花板才好。

文学欣赏

文学艺术的先贤先进常常提到三个术语，创作、批评、欣赏，三鼎足。谈创作可以培养写作能力，谈批评可以提高鉴赏能力，谈欣赏可以增加阅读兴趣。创作、批评、欣赏，它们既相应又相通，三位一体。

现在有一种现象摆在眼前，专心创作的人，文人相轻，同行是冤家，往往缩小了欣赏的范围。批评家给我们许多知识，许多理论，使我们陷入记问之学，忘了欣赏。创作在上游，欣赏在下游，如果像一条河，欣赏是入海口，入海口是不能淤塞的，欣赏还是需要单独成为一个项目，加以鼓吹。

作家、艺术家都很辛苦，大陆说他们也是劳动者，为谁辛苦为谁忙？有些艺术家说他是为了自己，有些艺术家从不提供答案。不管怎么说，事实是，一切书刊出版归于读者，一切戏剧演出归于观众，一切音乐演奏归于听众，读者、观众、听众，现在合称"受众"，受而乐之就是欣赏。现在且说读者，如何使读者由知之者成为好之者，由好之者成为乐之者，我们一同努力。

欣赏也是一种能力，这种能力可以培养，需要鼓励。现在文坛对于培养作家、鼓励作家做了很多工作，对于读者的欣赏活动相当疏忽，写作有作家，评论有批评家，欣赏呢，有欣赏家没有？有没有为欣赏而制作的节目？有没有为欣赏而成立的社团？有没有为欣赏而创办的刊物？有没有能够带领读者进入欣赏天地的人才？这样下去，作家会越来越多，读者可能越来越少。我们都只有自己是自己的知音，都得藏之名山，传之其人，情况未免太"憔悴"了。

说到文学，先贤主张文以载道，文以载道讲求实用，"欣赏"和实用并不完全一致。有这么一首诗："枣花似小能成实，桑叶虽粗解作丝。唯有牡丹如斗大，不成一事又空枝。"他说枣花能结枣，桑叶能养蚕，都有用处，都很好。牡丹没有用处，不好。这样说也没有错，这是实用的态度，不是欣赏的态度，如此这般，梅、兰都一无足取，实用的态度如此这般妨碍了他的欣赏趣味，他看不见牡丹、玫瑰的"好"，无论如何这是他的损失，也是牡丹、玫瑰的不幸。

出版家刘绍唐在他的回忆录里说，当年国家经济非常困难，一对情侣偷闲约会，女子指着天上一轮明月说："你看！"男子说："有什么好看？还不如一个烧饼！"烧饼好吃，这是实用的态度；月亮好看，这是欣赏的态度。因为月亮不能充饥，古今赏月的诗文都可笑、可恨，这成了什么态度？我们希望读者既知道烧饼好吃，也知道月亮好看，而且能在没有烧饼可吃的时候仍然能够发现月亮好看。

名导演胡金铨也说过一个故事。一群工人干了一天的活，眼看日落西山，要收工了，某甲对那无限好的夕阳多看了几眼，某乙问他：你在想什么？他说：我想荷包蛋。这两个小故事的情节差不多，只看荷包蛋不看夕阳，固然不懂得欣赏，看见夕阳，心里想的是荷包蛋，也离欣赏有一段距离。欣赏是只见夕阳，只见明月，哪怕是刹那之间也好，心里没有烧饼也没有荷包蛋。而这刹那之间的放松对没有烧饼也没有荷包蛋的人也有益处。

宋朝就有人提出一个说法，好诗，应该是水中之月。

天上的月尚且无用，水中之月岂不更没有用处？南朝的陶弘景隐居山中，皇上派人传话，问他在山里看到什么，他写了一首诗回答："山中何所有，岭上多白云。只可自怡悦，不堪持赠君。"徐志摩的名句"我挥一挥衣袖，不带走一片云彩"，也许从这里脱胎。在这里，借用这两个人的诗显示，这种态度就是欣赏。

欣赏，除了是"非实用"的，还是"非利害"的。欣赏艺术的时候心里没有利害观念。利害观念妨碍欣赏。石达开的诗写得好（有人说，那几首诗是别人冒名假托的，但好诗总是好诗），清朝的遗老不能欣赏；辛稼轩的词写得好，但北方的少数民族不能欣赏；李后主的词写得好，但是明太祖不能欣赏；蒋介石爱读《唐诗三百首》，但是对"可怜无定河边骨，犹是深闺梦里人"不能欣赏。无他，作品越好，越对他不利。

孔夫子谈诗，他说诗"可以兴，可以观，可以群，可以怨"，说得挺好，接下去说"迩之事父，远之事君"，诗可以培养忠臣孝子，所以诗有很高的价值，这话就离欣赏远了。欣赏文学艺术的人对于做忠臣孝子举双手赞成，但是不得不指出，"悠然见南山"的时候哪里有事父事君，"小红低唱我吹箫""醉枕美人膝"的时候哪里有事父事君。

这并非从此无父无君了,欣赏,只是暂时情趣饱满,陶然忘机,不能久驻。"醉枕美人膝"的后面还有一句"醒握天下权",担子放下片刻,为的是再背起来。孔夫子"皇皇如丧家之犬",一心为了事父事君,他在"喟然叹曰吾与点也"的时候呢?老夫子有时候也能把自己释放一下,我们为什么要反对?"欣赏"是一张多次入场券,你从一首诗、一幅画或一场音乐会得到的暂时解脱,以后还可以重温复现。这样的反复调剂是人生的一种幸福。只能"醉枕美人膝",如李后主,当然糟糕;只知"醒握天下权",如成吉思汗,也很遗憾。

苏东坡有一首诗:"雨洗东坡月色清,市人行尽野人行。莫嫌荦确(luò què)坡头路,自爱铿然曳杖声。"他下放黄州,生活水平急速下降,夜晚出门,手杖敲着乱石走路,发出来的声音有高有低,有轻有重,坡翁说,那声音很好听。对一个身体并不健康、拄着拐杖走路的人来说,路上全是乱七八糟的石块,当然有害无利,但是坡翁忘了利害,超出利害,他说他听见了音乐。

有一年,台湾有人写文章批评一首诗,这首诗写夜间看海，远处有点点渔火，很美。马上有人写文章质问，你知道出海捕鱼有多危险吗？你知道夜间捕鱼有多困难吗？渔家的生活那么苦，他们为生活奋斗那么艰难，你倒在这里赏心悦目！当然，你这样想，渔火就不能成为海上的风景了，能够当风景看的东西恐怕不多了。这次争论好像是六十年代发生的，现在回想，本土和"非本土"，艺术品位的分歧，艺术见解的摩擦，那时候已经明显了，后来就发生了乡土文学的论战。

在这方面，文学的创作欣赏受到社会的制约，纯就审美来说，熊熊大火很好看，可是诗人只能赞美晚霞。海啸也很好看，可是诗人只能赞美钱塘江潮。但是，你我也总不能说"九天阊阖开宫殿，万国衣冠拜冕旒"要不得，太封建了；"西望瑶池降王母，东来紫气满函关"也要不得，那是迷信；"细数落花因坐久，缓寻芳草得归迟"，这人浪费光阴，应该送到工厂里去做工。

再说一句，欣赏的时候是没有批评判断的，很多人以批评判断的态度接近文艺作品，自己又没有受过批评训练，白白错过了欣赏的机会。

有个成语，"买椟还珠"，一个人买了一颗珍珠，珍珠盛在木头制作的盒子里，盒子制作得很精巧，雕刻得很漂亮，那个人爱上了盒子，他付过钱以后只带走盒子，不要珍珠。世人都批判这个买主太笨了。如果换个角度来欣赏，这个人也挺特殊，他全神贯注"欣赏"盒子，忘乎所以，也算一则佳话。

另一个故事"堕甑不顾"。"甑"是一种陶器，可以蒸饭蒸菜。有人买了一个甑，自己背着走，那个甑掉在地上，摔碎了。他照样往前走，没有回头看一看，好像什么事情也没发生，他说，甑已跌碎了，回头看有什么用？大家都称赞这个人洒脱，有决断，很欣赏他。如果换个角度呢，你怎么不好好地背着，让它摔碎了？太不爱惜物力了。既然摔碎了，你就该把碎片收拾一下，免得妨碍别人走路，怎么可以不顾？这样一想，欣赏就无影无踪了。

有一位什么人说过，他反对把人分成好的坏的，他认为人只有两种，一种是有趣的，一种是乏味的。分好分坏，是批判；有趣或者无趣，是欣赏。在《水浒传》里面，鲁智深出家失败，佛门弟子衡量得失利害，看他是个坏和尚，一般读者看他倒是一个有趣的人物。在唐诗里面，"还君明珠双泪垂，恨不相逢未嫁时"，我们很欣赏，若是做丈夫的看到了，可能别是一番滋味，贞妇烈女，对外来的诱惑应该断然拒绝，怎么可以这样不干脆？

有一个故事，我不知道出处。冬天，一场大雪之后，某一个有钱的人请朋友来一起赏雪。看雪景要找视野开阔的地方，那地方当然很冷，主人要在四周安排火盆火炉，布置一个临时的暖房。主人和客人一面喝酒一面作诗，称赞雪景很美，这样的好雪应该多下几场。他们饮酒作乐当然有人伺候，旁边那个听差的、那个伺候他们的，忍不住了。听差的是穷人，知道穷人吃不饱、穿不暖，冬天的日子难过，每年三九寒冬都有人冻死，路有冻死骨嘛！他大骂这一桌赏雪的人没心肝，你们作的诗都是狗屁！

这个听差的是个有趣的人物，所以这个故事能流传下来，故事情节到此为止，没有告诉我们后事如何，主人还要这样的人听差吗？一定是开除了，这个听差的以后怎么生活呢？他有这样的"前科"，还有哪个员外哪个老爷用他？来年冬天，他的孩子会不会成了冻死骨？这样一想就沉重了，贫富不均的现象，贫富对立的情绪，怎样才可以改变？批判来了，把欣赏赶走了。

最后说一句，欣赏，并不在乎他欣赏的对象是真是假，是合理还是荒谬，考据、求证、逻辑推理，对欣赏并不重要。有一位摄影家告诉我，他拍的月亮，其实都是太阳，他要经营的是美感经验，不是天文现象。

胡适之批评中国诗词，举了一个例子：写词的人先说他的窗子是明亮的，"锁窗明"，后来改成"锁窗幽"，窗子变成黑的了，到底他的窗子是明亮的还是黑暗的？胡先生有考据癖，以考据说诗，障碍就产生了。就欣赏而论，窗黑有黑的好处，窗明有明的好处，不必拘泥。

胡先生的这番议论，使我联想到谢家的咏絮之才。赏雪的时候，谢家老爷子要他的子侄描述雪景，他的侄子说下雪像空中撒下盐来，他的侄女说下雪像风把柳絮吹起来，谢老爷子立刻评定"飞絮"得胜，后世也没有异议，可是，撒盐和飘絮是两种不一样的雪，那天在谢府，外面下的究竟是哪一种雪呢？你认为重要还是不重要？

就欣赏而论，这些并不重要，欣赏的时候，浑然忘我，陶然忘机，心无挂碍，色不异空。可以纳万境，同时可以无一物。这时候，谁管你的窗子到底是明的还是暗的，谁还管那天晚上和尚到底推门还是敲门，谁管你夜半打不打钟，谁管你阿房宫盖成了没有，谁管你周瑜有没有在这里打过仗，谁管你比目鱼一只眼还是两只眼，谁管你鸳鸯到底是不是一块儿死？只要能得到美感，海可枯，石可烂，山可移，天可老。只要能得到美感，丁公可以化鹤，庄周可以化蝶，老子头上可以冒紫气。面对文学艺术，要亲近无可名之形，容纳不可能之事，体会不可说的话。你拥护薛宝钗，他拥护林黛玉，两个人争吵起来，还打了一架，何苦？你想，如果只有一个薛宝钗，或者只有一个林黛玉，还能成为红楼梦？

就欣赏而论，创作是为了欣赏，批评是为了帮助欣赏。作家是做菜的，读者是吃菜的，做菜的辛苦，吃菜的以逸待劳，受比施有福。有福要知道怎么享，美食家不偏食，中国五大菜系做得好都是好菜。来到纽约，更知道各民族都有好菜。

所以，接天莲叶无穷碧，好！留得残荷听雨声，也很好。万紫千红总是春，很美；一片花飞减却春，也很有味道。春到人间草木知，春花秋月何时了，都说到我心里去了；春风又绿江南岸，春风不度玉门关，相反也相成。

这些年，由于种种原因，读者的审美能力退步了，读者的欣赏空间割裂了，所以文学的版图也缩小了。希望有心人，有本领的人，从这些地方来帮助读者，再由读者去享受文学，帮助文学。

谨 此 致 谢

本书引用当代文坛大家的名句甚多,愧不能一一查明原书出处,现在依照书中引用的先后记下他们的芳名,郑重道谢。

王梦鸥先生　孙如陵先生　痖　弦先生
赵友培先生　颜元叔先生　余光中先生
杨念慈先生　林语堂先生　司马中原先生
许达然先生　林海音女士　琦　君女士
思　果先生　邵　僩先生　杨　牧先生
业　甦先生　夏济安先生　李　昂女士
李晨冬先生　罗德龙先生　周梦蝶先生
白先勇先生　刘非烈先生　朱月农先生

马国光先生　邱　楠先生　吴心柳先生
管　管先生　张　默先生　张道藩先生
林清玄先生　熊式一先生　洛　夫先生

王鼎钧作品系列（第二辑）

开放的人生（人生四书之一）

本书讲做人的基本修养。如何做人？这个问题很"大"。本书用"小"来作答，如春风化雨，通过角度、布局、笔法各各不同的精彩短章，探悉人生的困惑，以细致入微的体察和智慧的省思，带给人开放、积极而平和的人生态度。

人生试金石（人生四书之二）

人生并不完全是一个"舒适圈"。由家庭到学校，再由学校到社会，成长要经历一个又一个挫折和失望。本书设想年轻人在逐渐长大以后，完全独立以前，有一段什么样的历程。对它了解越多，伤害就越小；得到的营养越丰富，你的精神就越壮大。

我们现代人（人生四书之三）

在传统淡出、现代降临之后，应该怎样适应新的环境和规则，怎样看待传统的缺陷？哪些要坚持？哪些要放弃？哪些要融合？现代人需要怎样的标准和条件，才能坚忍、快乐、充满信心地生活？作者将经验和思索加以过滤提炼，集成一本现代人的安身立命之书。

黑暗圣经（人生四书之四）

这是一本真正的悲悯之书——虚伪、狡诈、贪婪、残忍，以怨报德，人性之恶展现无遗，刺人心魄。但是，"当好人碰上坏人时，怎么办？"，这才是"人生第四书"的核心问题。它要人明了人之本性，懂得如何守住底线，趋吉避凶。而且断定，即便有文化的制约，道德也是永远不散的"筵席"。

作文七巧（作文四书之一）

世界上优秀的作品都需要性情和技术相辅相成，性情是不学而能的，是莫之而至的，人的天性和生活激荡自然产生作品的内容，技术部分则靠人力修为。——基于这样的认知，作者将直叙、倒叙、抒情、描写、归纳、演绎、综合汇成"作文七巧"，以具体实际的程式和方法，为习作者提供作文的捷径。

作文十九问（作文四书之二）

"作文一定要起承转合吗？""如何立意？""什么才是恰当的比喻？""怎样发现和运用材料？"……本书发掘十九个问题，以问答的形式，丰富的举例，解答学习作文的困惑。其中有方法和技巧，更有人生的经验和识见。

文学种子（作文四书之三）

如何领会文学创作要旨？本书从语言、字、句、语文功能、意象、题材来源、散文、小说、剧本、诗歌，以及人生与文学的关系等角度，条分缕析，精妙点明作家应有的素养和必备的技艺，迎接你由教室走向文坛。

讲理（作文四书之四）

本书给出议论文写作的关键步骤：建立是非论断的骨架——为论断找到有力的证据——配合启发思想的小故事、权威的话、诗句，必要的时候使用描写、比喻，偶尔用反问和感叹的语气等——使议论文写作有章可循，不啻为研习者的路标。而书中丰富的事例，也是台湾社会发展的一面镜子。

《古文观止》化读（之五）

作者化读《古文观止》经典名篇，首先把字义、句法、典故、写作者的知识背景、境况、写作缘由等解释清楚，使文言文的字面意思晓白无误，写作者的思想主旨凸显。在此基础上推进，分析文章的谋篇布局、修辞技巧、论证逻辑、风格气势等，使读者能对文章的优长从总体上加以把握、体会。最后再进一步，能以博学和自身的人生境界修为出入古人的精神世界，甚至与古人的心灵对话，此尤为其独到之处。